MIT DIR, ANNETTE

Christrose Rilk

MIT DIR, ANNETTE

Lieben und Leiden
der
Annette von Droste-Hülshoff

Roman

Christrose Rilk Verlag

Die Deutsche Bibliothek – CIP-Einheitsaufnahme
Rilk, Christrose:
Mit dir, Annette: Lieben und Leiden der Annette
von Droste-Hülshoff / Christrose Rilk
Brackenheim: Rilk, 1997
ISBN 3-9805135-2-1

Copyright © 1997 Christrose Rilk Verlag, Brackenheim
Umschlaggestaltung: W. Rilke, Brackenheim
Gesamtherstellung: Wilhelm Röck GmbH, Weinsberg
Printed in Germany

Roman

INHALT

Die mit * bezeichneten Stellen im Text sind
im Verzeichnis der Anmerkungen
im ANHANG belegt.

Meersburg

«... der See..., dessen Spiegel im Sonnen-
schein mich blendet, und der überhaupt mit
seinen bewegten Wimpeln und freundlichen
Uferstädtchen hinüberleuchtet wie das
Tageslicht in einen Grotten-Eingang.»
Annette von Droste-Hülshoff an Christoph
Bernhard Schlüter im Oktober 1836

«Meersburg?» fragte Anna, «warum gerade Meers-
burg? Komm, tritt aufs Gas, wir schaffen es noch bis ins
Gebirge. Oder laß uns wenigstens bis Lindau fahren, das
ist eine größere Stadt. Es ist doch noch nicht Abend.»
   «Ich wollte immer mal nach Meersburg», sagte ich,
«und in das Burgmuseum hier.»
Anna seufzte. «Dein historisches Interesse, Ulrike, hättest du zuhause lassen können.»
   «Außerdem bin ich müde», sagte ich beharrlich und
lenkte auf die Abbiegespur, «bitte, Anna, laß uns hier
Station machen.»
Sie lehnte sich zurück. «Also wenn's dir so wichtig ist,
warum nicht, suchen wir hier ein Hotel, und nachher
können wir noch einen Bummel machen. Sieht aus wie
ein alter Ort, nicht, all die Fachwerkhäuser, und sieh mal,
eine Burg.»
   «Ja, das ist die Meersburg.» Ich war erleichtert, weil
Anna so gutgelaunt auf meinen Wunsch eingegangen
war, «die älteste Burg Deutschlands.»
Anna lachte. «Deine Kommentare! Laß doch die Lehrerin mal beiseite, du hast Ferien.»
   «In der Ablage liegt ein Hotelverzeichnis», sagte ich.

9

Bis jetzt ging es ja ganz gut mit uns beiden. Vorgestern war Anna überraschend bei mir aufgetaucht und hatte mir den Vorschlag gemacht, doch zusammen ein paar Tage wegzufahren, «vielleicht ins Gebirge, wenn du willst, du hast Ferien, und ich bin im Urlaub.»
Spontan sagte ich Ja. Die Freude war mir sicher ins Gesicht geschrieben. Wie lang war's her, daß wir zusammen verreist waren! Wir waren Freundinnen gewesen in den ersten Studienjahren, aber später verloren wir uns zeitweise aus den Augen. Briefe in langen Abständen, mal ein Anruf, ein kurzer Besuch ... Und nun lag eine ganze Woche gemeinsamer Zeit vor uns!

«Hier», rief Anna, «da fragen wir nach Zimmern, halt an, Ulrike.»

«Geh du hinein», bat ich.
Ich sah ihr nach. So sicher und selbstbewußt hat sie schon früher gewirkt, immer auf der Höhe der Situation. Es könnte schön werden, überlegte ich, wenn wir nur vorsichtig bleiben und nicht zu viel voneinander erwarten.

Gleich wird sie zurückkommen und sagen: «Alles okay, Uli.» Ich lehnte den Kopf zurück und schloß die Augen. Ach, Anna, gut, daß du gekommen bist.

Die Sonne stand schon tief, als wir unseren Bummel machten in dem fremden Städtchen.
Anna hatte nur ihr Portemonnaie in die Hosentasche gesteckt und sonst alles im Hotelzimmer gelassen. «So viel Ballast», sagte sie kopfschüttelnd zu mir, als ich meinen kleinen Rucksack packte, «und wozu schleppst du das Buch mit?»

«Es gehört zur Atmosphäre dieses Ortes», sagte ich ausweichend.

Anna lachte. «Na klar, du und die Historie. Du weißt, ich lebe lieber in dem, was gerade aktuell ist.»

Wir sprachen nicht viel, zeigten uns nur dann und wann ein Haus, einen Torbogen, eine Katze, tasteten uns behutsam an unsere frühere Gemeinsamkeit heran. Unsere Schritte im Gleichklang auf dem alten Pflaster, unser Lächeln ab und zu – und langsam fanden wir zurück zur Vertrautheit der Vergangenheit, nun nicht mehr mit «Weißt du noch?», sondern ohne Verkrampftheit im Offensein auf eine neue gemeinsame Zeit. Wir schlenderten die Gasse hinab, Freitagabendgeschäftigkeit machte sich breit, Lachen und Kinderrufe füllten die Luft, und von weitem wehten Gitarrenklänge zu uns her. Anna verschwand in einem kleinen Laden und kam mit zwei Eistüten heraus. «Wie früher, Uli», sagte sie herzlich. Sie hatte meine Eissorte nicht vergessen!

Vor uns sahen wir die Meersburg, alt und grau und ruhig, und die Abendsonne tauchte die hohen Mauern in ein warmes Licht.

«Da will ich rauf», Anna deutete auf eine breite Treppe. Oben strich ein leichter Wind über unsere Gesichter.

«Ist das schön!» sagte sie tief atmend, «komm, wir setzen uns auf die Mauer.»

Unter uns lag der Bodensee, eine sanftblaue Fläche im milden Licht. Ein paar letzte Segelboote hielten Richtung auf das Ufer.

«Ausspannen», sagte Anna, «ach Uli, die nächsten Tage werden uns gut tun.»

Ich freute mich, daß es ihr nun doch gefiel.

«Stell dir vor, wie das wäre, wenn man in diesen alten Gemäuern dort wohnen könnte», sie deutete hinüber zur Burg,« in einem Turmzimmer vielleicht, da hätte man eine tolle Aussicht, und immer den See vor Augen, Tag für Tag, blank wie ein Spiegel oder rauh, aufgewühlt, wie herrlich muß das auch sein bei Sturm, so ein Anblick!»

«Annette von Droste-Hülshoff hat in dieser Burg gewohnt», sagte ich, «in einem Turmzimmer.»

«Die Dichterin? War das nicht das adlige Fräulein, das Balladen gemacht hat?»

Ich holte mein Buch aus dem Rucksack.

«Sieh her, Anna, das ist sie.»

Anna lehnte sich zu mir herüber und sah das Bild an, das schmale Gesicht mit dem unergründlichen Blick, die weit offenen Augen.

«Du liebe Zeit», sagte sie, «sieh mal die Frisur, bezopft und gescheitelt und gelockt und gedreht, wie lang braucht man da wohl zum frisieren!»

Ich sagte nichts, denn im letzten Sonnenschein sah mir dieses Gesicht aus dem vorigen Jahrhundert seltsam belebt und bewegt aus.

Anna breitete die Arme aus. «O schaurig ist's, übers Moor zu gehn, wenn es wimmelt vom Heiderauche, sich wie Phantome die Dünste drehn und die Ranke häkelt am Strauche...»* deklamierte sie laut. «Siehst du, Uli, ich kenn was von ihr, dabei hat sich das Burgfräulein garantiert nie in ein Moor verirrt, die stand da nur am Fenster mit ihren Korkenzieherlöckchen und im hochgeschlossenen Kleid mit dem Korsett darunter und hat sich das alles bloß ausgedacht! Uli, stell dir vor, wenn die uns hier sitzen sähe in unseren bequemen Jeans, du mit deinem Rucksack und ich ohne Strümpfe...» Sie lachte. «Das adlige Fräulein würde in Ohnmacht fallen!»

Ich sah Anna an, ihr verwehtes blondes Haar.

Ich blätterte in meinem Gedichtband. «Hör zu, Anna.»

12

Auf hohem Felsen lieg ich hier,
der Krankheit Nebel über mir
und unter mir der tiefe See
mit seiner nächt'gen Klage Weh,
mit seinem Jubel, seiner Lust,
wenn buntgeschmückte Wimpel fliegen,
mit seinem Dräun aus hohler Brust
wenn Sturm und Welle sich bekriegen.

Mir ist er gar ein trauter Freund,
der mit mir lächelt, mit mir weint,
ist, wenn er grünlich golden ruht,
mir eine sanfte Zauberflut,
aus deren tiefem, klarem Grund
Gestalten meines Lebens steigen,
geliebte Augen, süßer Mund,
sich lächelnd winkend zu mir neigen.

Wie hab' ich gar so manche Nacht
des Mondes Widerschein bewacht,
die bleiche Bahn auf dunklem Grün,
wo meiner Toten Schatten ziehn,
wie manchen Tag den lichten Hang,
bewegt von hüpfend leichten Schritten,
auf dem mit leisem Geistergang
meiner Lebend'gen Bilder glitten.

Und als d e i n Bild vorüber schwand,
da streckte ich nach dir die Hand,
und weh ward's in der Seele mir,
daß du nicht weißt, wie nah sie dir;
so nimm denn meine Lieder hin,

sie sind aus tiefer Brust erklungen,
nimm sie mit alter Liebe Sinn
und denk, ich hab sie dir gesungen.»*

Anna war begeistert. «Ein wunderschönes Gedicht! Und wirklich von ihr geschrieben?»

«Annette von Droste-Hülshoff», sagte ich.

«Das Ritterfräulein? Das hätte ich nicht gedacht. Und hier hat sie das geschrieben?»

«Auf dieser Burg.» Wir blickten hinüber, die Meersburg lag schon im Schatten, graue Steine, jahrhunderterprobt und fest und verwittert.

«Wie alt war sie da», wollte Anna wissen, «als sie hier war?»

«Ich muß nachrechnen. 1797 ist sie geboren, sie war vierundvierzig Jahre alt.»

Anna sah mich interessiert an. «So alt wie wir beide jetzt sind. Und weißt du, was in dieser Zeit für sie geschah, ich meine, in welcher Lebenssituation sie war und so?»

Ich schüttelte den Kopf. «Ich weiß nur so viel, daß der Winter 1841/42 eine Zeit großer Schaffenskraft war für sie, die meisten ihrer berühmten Gedichte hat sie in dieser Zeit verfaßt.»

«Das war mindestens Note zwei, Frau Lehrerin», bemerkte Anna. «Aber Schaffenskraft hin oder her – gelebt hat sie doch auch, oder?»

«Ihr Freund war in diesem Winter auch auf der Meersburg», sagte ich.

Anna pfiff leise.«Freund, aha!» Sie lächelte. «Natürlich ein platonischer Freund?»

«Natürlich», sagte ich, «ihr Dichterfreund. Er war ja auch siebzehn Jahre jünger als sie.»

«Dann war's natürlich platonisch.» Sie sah mich spöt-

14

tisch an, aber ein Schatten war in ihr Gesicht gezogen.

«Jedenfalls dachte ich immer so», sagte ich nachdenklich, «und so stehts ja auch in der Literaturgeschichte. Aber jetzt, weißt du, jetzt, wo wir hier sind, da bin ich mir nicht mehr so sicher.»

«Was willst du damit andeuten?» fragte Anna. Sie sah mir aufmerksam ins Gesicht, etwas Hintergründiges lag in ihren hellen Augen.

«Eine Frau mit 44 Jahren», sagte ich langsam, «eine Frau wie du oder wie ich, die ist doch noch jung, Anna, ich fühle mich noch jung genug und du sicher erst recht. Sag selber, empfinden wir weniger stark als junge Menschen? Ist denn der späte Sommer kühler und blasser als der frühe?»

Anna senkte den Kopf und schwieg.

Der Straßenmusikant am Fuß der Treppe spielte jetzt auf seiner Gitarre «jeux interdits», die melancholische Melodie klang in der Abendstille zu uns herauf.

«Mir wird kalt», sagte Anna, «komm, laß uns gehen.» Wir blieben noch einen letzten Augenblick stehen und sahen still zur Burg hinüber. Über dem Eingangsportal hoben sich die Konturen eines gekreuzigten Jesus mit zwei Gestalten an seiner Seite kaum ab von dem tiefen Grau des Hintergrunds.

«Ich möchte gern mehr über sie wissen», sagte Anna leise, «über das Fräulein, meine ich, das die Sehnsucht so schön in Poesie fassen konnte.»

Auf hohem Felsen lieg ich hier... und unter mir der tiefe See... wer sagt denn das...die graue Burgmauer und das adlige Fräulein... was soll denn dieser harte Ton, da klopft jemand so laut, was soll das, bist du das, Annette?

Nein, Anna heißt du ja, mein Kopf ist zu schwer, das war der Schlummertrunk gestern abend in der Hotelbar, und nun wieder dieses Hämmern...

Ich fuhr hoch. «Was ist denn?»

Das Klopfen an meiner Tür hörte endlich auf.

«Uli», das war Annas Stimme, «lebst du noch? Steh auf, es ist acht Uhr!»

«Ich habe Urlaub!» rief ich zornig und legte mich wieder zurück, o mein armer Kopf. Das Klopfen begann wieder. Der Zorn machte mich hellwach. Ich lief barfuß zur Tür und riß sie auf. Anna stand lächelnd da, mit frischem Morgengesicht und prüfendem Morgenblick und heller Morgenstimme.

«Was ist denn, Uli, warum kommst du heut nicht hoch?»

«Anna», sprach ich warnend, «es ist acht Uhr!»

«Eben», sagte sie, «um neun macht das Museum in der Meersburg auf, da willst du doch hin. Los, unten gibt's ein Superfrühstück.»

Ich war beleidigt. «Hast du etwa schon allein gefrühstückt?»

Sie zuckte die Achseln. «Du warst ja nicht da. Ich bin das Alleinfrühstücken gewohnt.»

Ich ging zum Bad.

«Warte», rief Anna, «wir könnten uns zu Mittag treffen, ich will zum Fürstenhäusle heute vormittag.»

«Fürstenhäusle – was ist das?» fragte ich und gähnte.

«Ein Haus in den Weinbergen, das Annette sich gekauft hat als Tusculum und Dichterstätte und Liebesnest und was weiß ich.»

«Annette?»

«Die Dichterin.»

16

«Ach so. Da sprechen wir von ihr, als ob sie unsere Dritte wäre.»

«Das ist sie auch», sagte Anna, «ich hab heut früh schon was gelesen über sie, im Prospekt, ich will mehr von ihr erfahren, das erzähl ich dir dann. Geh du in die ehrfürchtige Burg.

Warte, hast du für mich noch ein schönes Annettewort auf den Weg, Frau Lehrerin?»

Ich holte meine Bürste aus der Reisetasche und fuhr mir über meine wirren Haare.

«Bei Gott, das Schloß! Da schlägt es acht im Turme –
Weh, mein Gedicht! O weh mir armem Wurme... »*

sagte ich laut.

Anna lachte. «Mit dir, Uli, macht's Spaß!»

«Und nenn mich nicht mehr Frau Lehrerin!» rief ich ihr nach.

«Denk dir eine steile Treppe, Uli, einen grünüberwachsenen Weg, du gehst schnell hinauf, Stufe um Stufe, es wird dir warm vom Steigen, und dann bist du in kurzer Zeit oben, der Weg führt geradewegs zum Fürstenhäusle. Hier oben ist kein Mensch. Ein Schild an der Klingel sagt dir, daß du zu früh dran bist, erst in einer halben Stunde wird jemand kommen und die Tür aufschließen. Auf der Straße unterhalb rauscht der morgendliche Verkehr, das mußt du dir wegdenken, denn vor 150 Jahren war's noch still hier oben. Aber auch jetzt hörst du Vogelstimmen und spürst das Verwunschene dieses Ortes. Ein feiner Rasen ist angelegt, und – was meinst du – in der Laube steht eine Bank, ein Stuhl, ein Tisch, gerade wie für dich geordnet. Und Bücher liegen da. Du erschrickst leicht, denn es sieht fast so aus, als habe Annette für einen

Augenblick dies schöne Plätzchen verlassen und käme bald zu dir zurück. Ja, Uli, du würdest das so sehen. Aber ich bin da anders, nüchterner, möchte ich mal sagen. Ich lese auch nicht in den Büchern, wie du es tätest – es sind Biographien über die Droste – ich setze mich auf einen weißgestrichenen Gartenstuhl und warte einfach.

Bin ich dir zuliebe hier oben? Das würde ich mir selber nicht glauben. Ich möchte Annette kennenlernen. Ich, Anna. Die Frau interessiert mich. Ich blättere nun doch in einem der Bücher, da ist ein Bild von ihr: Züge wie gemeißelt, ein herbes Gesicht, und wenn diese lächerliche Frisur nicht wäre, sähe sie mir sogar etwas ähnlich. Das Haus ist sehr hübsch, eben ein Fürstenhäusle, so also sahen die Weekendbungalows der geistlichen Fürsten aus! Und die Aussicht ist wirklich schön, du siehst über das Städtchen, das Schloß, die alten Häuser, die Meersburg, und tief unten ist der See, heute früh fast durchsichtig und in allen Farben wechselnd. Die hellen Segel, vereinzelt, wie kleine weiße Schmetterlinge...»

«Anna, du übertriffst dich! Wirst du nun selbst zur Dichterin?»

«Ich hab zu lang dort oben gesessen, vielleicht. Es ist ein wunderbarer magischer Ort, voll Ruhe, und du erwartest fast, Annette wär's, die dir aufschließt und dich freundlich begrüßt.

Uli, stell dir vor, du bist die einzige Besucherin an diesem Morgen, du kommst dir vor, als wärst du eingeladen. Du darfst Platz nehmen auf einem schönen alten Sofa. Die freundliche Dame läßt eine Kassette für dich laufen zur Einstimmung, und du hörst zu: du erfährst vom alten westfälischen Adelsgeschlecht, von der abgelegenen Wasserburg Hülshoff, auf der Annette geboren ist, stren-

18

ge Mutter, begabtes Kind und so weiter...

Du siehst dich um. Ein Jugendbildnis von Annette hängt neben dem Sofa und zieht deinen Blick auf sich. Die Schwester Jenny hat es gemalt, und sie sah Annette mit Augen der Liebe, das sieht man dem Bild an: ein schönes, schmales Gesicht, versonnene blaue Augen, weißes Krägelchen und am Kettchen ein Kreuz – jeune fille comme il faut.

Deine Blicke bleiben hängen an einem zierlichen Schreibsekretär. So einen hättest du immer gern gehabt! Du stehst auf und betrachtest ihn aus der Nähe. Die Dame lächelt verständnisvoll. «Das ist der Schreibtisch der Dichterin», sagt sie, «er wurde aber erst nach ihrem Tod von der Meersburg hier heraufgeschafft.»

Viele kleine Schubladen, und in das abgeschlossene große Mittelfach, da hinein, Uli, da hinein hätte ich meine Liebesbriefe gelegt und eingeschlossen.»

«Liebesbriefe, Anna?»

«Na ja, das was niemand außer mir zu Gesicht bekommen soll.»

«Aber immer liest's jemand anderes», sagte ich, «wenn du sie nicht verbrennst.»

Sie nickte. «Deshalb telefonier ich lieber – unter anderem deshalb. Aber ein paar Briefe habe ich doch, die niemand lesen soll, von denen ich mich nicht trennen konnte.»

«Dann paß auf, Anna», sagte ich scherzhaft, «daß du rechtzeitig Vorsorge triffst, sonst steht am Ende – sagen wir mal in den Tagen nach deinem Begräbnis – einer da und kramt in deinen Schubladen und zieht sie heraus, die vergilbten Zeugnisse deiner Vergangenheit.»

Anna betrachtete mich nachdenklich. «Ja», sagte sie, «so ist es immer, so wird's gewesen sein.»

Die Mutter

«... denn diese kluge Frau, der ein allgemein
beachtetes und oft verwickeltes Leben eine
völlige Herrschaft über alle unpassenden
Ausbrüche innerer Bewegungen ... gesichert
hatte, wußte selbst nicht, wie dünn der Schleier
ihres Antlitzes über ihrer Seele hing...»
Annette von Droste-Hülshoff «Ledwina»

Unschlüssig stand Jenny vor Annettes Sekretär. Die alte
Freifrau legte gebieterisch die Hand auf den Arm ihrer
Tochter. «Mach die Schubladen auf, Jenny, und bring mir
einen Waschkorb!»

«Was willst du tun?»

«Ihr Andenken ehren, Tochter. Ihre Geheimnisse soll
sie mit ins Grab genommen haben.»
Jennys Gesicht drückte Unruhe aus. «Ich weiß nicht, was
du meinst.»

«Ich meine ihre verkehrte Liebe, ihre unselige Leiden-
schaft.»

«Mutter! Wenn du von Levin sprichst, er war ihr
Dichterfreund, ihr wesensähnlich und seelenverwandt.»
Die Mutter verzog spöttisch den Mund. «Natürlich, ihr
Geisteszwilling, ihr Dioskur, wir wissen es. Wir wissen
aber noch etwas anderes, wir beide, und darum geht es
jetzt.»
Jenny schüttelte starrsinnig den Kopf. «Ich weiß nicht,
worauf du anspielst.»
Die Mutter sah plötzlich müde aus.

«Arme Jenny, hältst du mich für so beschränkt, nur weil
ich alt bin? Meinst du, ich hätte nicht von Anfang an alles

gewußt? Daß sie lichterloh gebrannt hat für diesen Jüngling? Daß auch du es sehr wohl geahnt hast, was sich in diesen alten Gemäuern an glühendem Leben abspielte?»

Jenny setzte sich langsam auf einen Stuhl. «Aber gewußt habe ich es nicht, damals.»

«Du wolltest es nicht wissen, Jenny.»

Jenny sah auf ihre Hände. «Wenn du gesehen hättest, wie glücklich sie war in diesem Winter, Mutter!»

«Ich hab es gesehen. Aus ihren Briefen damals habe ich es gesehen. So schreibt ein Mensch, der im Einklang ist mit sich und seiner Welt. Und ich habe gebetet: laß ihr dieses späte Glück, Gott, laß es ihr noch eine Weile. Gib mir ein Taschentuch, Jenny. Es hat dann nur diesen einen Winter gedauert, ein Winterglück, ein Frostmärchen. Es war die hohe Zeit ihres Lebens, der Höhepunkt, der Gipfel. Sie hat wunderschöne Dichtungen geschaffen in diesem Winter hier bei euch auf der alten Meersburg. Sie hat sich endlich aufgerichtet, meine zarte, gebeugte Tochter.»

Jenny stand auf und stellte sich wie schützend vor Annettes Sekretär.

«Das hat sie Levin zu verdanken gehabt.»

Die Freifrau sah sie fest an. «Nein, Jenny, nein. Nur sich selber. Sie war's, die gewachsen ist, sie allein hat sich emporgeschwungen. Es war ihre persönliche Antwort auf – ja, Jenny, ich nenne es die Erfüllung ihres Lebens. Das Glück ließ alle dichterischen Quellen in ihr sprudeln, und sie hat die Quellen gefasst, gefasst in wunderbare Verse. Dieser Levin?» Die Mutter seufzte. «Nun, ich gebe zu, er war der einzige, der Saiten in ihrem Innern angerührt hat wie noch keiner zuvor, der einzige, in dem sie allen Klang ihres Herzens vernehmen und verströmen konnte.»

«Und nun willst du seine Briefe vernichten», sagte Jenny vorwurfsvoll, «auf die sie gewartet und gehofft hat, die sie immer wieder gelesen hat, bis sie die Worte auswendig konnte.»

Die Mutter trat ans Fenster und sah hinab auf den See.

«Ihr kann man nichts mehr wegnehmen. Aber versteh doch, andere sollen sie nicht lesen, auf keinen Fall, es geht nur sie etwas an. Wir müssen ihr Andenken als Dichterin schützen. Und, Tochter, ich denke auch an unseren Stand, an den Ruf der Familie. An unserem Namen soll kein Makel haften.»

Jenny trat weg vom Schreibtisch und nickte. «Gut, Mutter.»

Sie holte einen Schlüssel aus der Tasche ihres dunklen Kleides und legte ihn der alten Freifrau hin.

«Ihre Mutter», sagte ich nachdenklich, «war, soviel ich weiß, eine Schlüsselfigur in Annettes Leben.»

Anna holte einen Zettel aus ihrer Hosentasche.

«Freifrau Therese von Droste-Hülshoff geborene von Haxthausen», las sie, «das war ihr Name. Im Fürstenhäusle hängt ein großes Portrait von ihr. Die freundliche Dame hat's mir gezeigt. Sehen Sie mal das strenge Gesicht, hat sie zu mir gesagt. Ich sah mir das Gesicht genau an: lange schmale Nase, wie Annette, aber dunkle Augen, volle Lippen, die nur die Andeutung eines ironischen Lächelns zeigen. Streng? Überhaupt nicht, eher von gebändigter Kraft, eine starke Frau. Sie hatte eine absolut scheußliche gefältelte Rüschenhaube auf dem Kopf, in der Form eines Herzens, mit einer Schleife oben drauf, du kannst dir's nicht vorstellen, man möchte ihr das Ungetüm vom Kopf reißen und ihre gelackte Frisur ein bißchen zausen, dann, ja dann sähe sie menschlich aus, sogar von eigenwilliger Schönheit. Ich stand lange vor diesem Bild. Sie sah mich an, und sie senkte die Augen nicht, das hat sie auch zu Lebzeiten sicher nie getan. Ihr Blick hatte etwas Herausforderndes, so als dürfe sie natürlich erwarten, daß man auf sie hört. Die Tochter Jenny gleicht ihr, auch dunkle Haare und diese schmale aristokratische Nase, aber sanft, Uli, sehr sanft und lieb, sicher eine gute ältere Schwester.»

«War auch ein Bild von dem Dichterfreund da?» fragte ich.

Anna geriet geradezu in Eifer. «Von Levin Schücking? O ja. Denk dir einen gutaussehenden Mann mit lockigem Haar und ganz ebenmäßigen Gesichtszügen, mit lebhaftem Blick – aber in seinen Augen liegt auch eine Spur Melancholie – ja, ein schöner Mann, das muß ich sagen, mit einem klugen und sensiblen Gesicht. In den hätte ich mich auch verlieben können.»

Wir lachten.

«Aber er habe es nicht lange in Meersburg ausgehalten, hat die freundliche Dame noch gesagt. Und weißt du was, Ulrike? Er ging recht überstürzt, und Annette ist darüber sogar krank geworden.»

«Sie war sowieso kränklich», sagte ich.

«Steht in der Literaturgeschichte», spöttelte Anna, «aber mal im Ernst, das alles deutet auf eine Liebesgeschichte, eine tragische noch dazu. Wir könnten hier mal genauer recherchieren, machst du mit?»

«Wir sind ja schon dabei, Anna. Also, seine Briefe hielt die Mama für kompromittierend? Dann gibt es jetzt wohl keine mehr, die man lesen könnte, wie schade!»

«Doch, ein paar schon», sagte Anna, « aber die, die er ihr hierher nach Meersburg geschickt hat, die sind entweder weg oder nur unvollständig erhalten, so, als hätte jemand einen Bogen verschwinden lassen. Ich kann die Mutter verstehen. Sie sah mich heute so sprechend aus ihrem Bild heraus an. Ich meine, sie war eine kluge Frau, die mehr gewußt hat, als sie zugegeben hat. Sie hat auch mehr verstanden, als ihr lieb war.

Siehst du, da stand sie vor Annettes zierlichem Sekretär, eine Frau von 76 Jahren, ungebeugt, mit ihrer Trauer im Herzen und ihren Selbstvorwürfen.»

Liebesbriefe

«Aber du hast mich auch lieb und denkst an
mich an deiner Donau... Du altes Herz, Deine
Müschelchen, die Du mir hier gesucht und in
dem Schwefelholzkästchen gegeben hast, kann
ich kaum ohne Tränen ansehen, und sie sind
mir lieber wie alle die seltenen Meermuscheln
in meinem Glasschranke zu Rüschhaus.»
Annette von Droste-Hülshoff
an Levin Schücking im Mai 1842

Sie zog eine Schublade auf, die unverschlossen war.
Jenny schüttelte den Kopf.
   «Nein, hier in dieser oberen Schublade hat sie immer
die Briefe von dir, Mama, verwahrt. Die legen wir beiseite, die möchte ich behalten, wenn du erlaubst, sie sind mir
wert, weil sie von deiner Hand stammen, und Annette hat
sie mir ja meistens vorgelesen, und oft hast du ja an uns
beide zugleich geschrieben, nicht wahr?»
Die Mutter nickte. «Aber jetzt hol doch endlich einen
Waschkorb, ich bitte dich!»
Jenny zog ein paar Briefe heraus. «Ich gehe gleich. Sieh
mal, Mutter, hier ist ein Brief von dir aus jenem Winter,
sie hat alle aufbewahrt. Und nun hole ich den Korb.»
Sie ging zur Tür hinaus. Die Mutter nahm zögernd den
Briefbogen aus dem Umschlag. 2. Dezember 1841, las
sie. Irgendwie habe ich ihr wohl Vorwürfe gemacht
damals, ich erinnere mich dunkel. Sie hat doch tatsächlich gemeint, sie könne vor mir geheim halten, daß dieser
Schücking zusammen mit ihr hier war. Deine unge-
schickten Lügen, mein Kind, deine gespielte Gleichgül-

tigkeit, ach Annette, Gerüchte haben Flügel, sogar die Einsamkeit meines stillen Rüschhauses war kein Zaun gegen sie. Aber sie bestätigten mir ja nur, was ich in banger Sorge schon geahnt habe. Zornig war ich, Nette, zornig, daß du dich so unwissend stelltest, so leichtfertig deinen und den Ruf der Familie aufs Spiel setztest. Aber ich empfand auch Angst, dein neugewonnenes Wohlbefinden, deine scheinbar völlige Genesung zu gefährden. Deshalb wollte ich dich nur vorsichtig zurechtweisen. Wie hab ich's damals ausgedrückt?

Die Mutter las mit bewegter Miene: «Daß Sch. bei euch ist, wußte ich schon durch die Hülshoffer, denen es die B. erzählt hatte. Wie mag man diese Sache wohl ansehen? Ich fürchte, wie ein verabredetes Rendezvous, das wäre doch sehr traurig...» *

Sie schob das Blatt wieder in den Umschlag und strich sich müde über die Stirn. Dann nahm sie den Schlüssel, den Jenny ihr hingelegt hatte und schloß das mittlere geräumige Fach auf. Mit sicherem Griff zog sie ein Kästchen heraus und klappte den Deckel auf.

Ein paar mattgraue Müschelchen lagen darin, vertrocknete Blätter, die unter ihrer heftigen Berührung zerfielen und ein paar kleine Zettel, auf einem stand «Gute Nacht, mein Herz, schlaf weiter».

Unten im Fach lagen die Briefe, die Mutter berührte sie vorsichtig mit der Hand. Von Levin natürlich. Abgegriffen, ach wie oft hat Annette sie wohl in der Hand gehalten. Sie nahm zögernd einen Bogen und sah die flüssige elegante Handschrift Levin Schückings.

Die Mutter stand ganz still, sah Nettes gebeugten Kopf, die Fülle des blonden Haares und die zarten Finger, die das Blatt noch einmal und noch einmal entfalteten, wie

26

oft, mein Gott, und in welcher Gemütsverfassung jedesmal.

Und die Mutter las: «Geliebtes Herz, meine bleiche Nachtblüte, ich sehne mich nach der Süße deiner Umarmung, das müßte ich dir nicht sagen, denn du weißt es ja wohl. Annette, diese liebe Zeit wird nun vorbei sein müssen, wie wir es wohl beide gewußt haben, als wir uns voneinander gerissen. Deine Kraft ist in mich eingeflossen, die Kraft deiner Entsagung, als du – wie du sagtest – mich freizugeben gewünscht hast. Mütterchen, nun nehme ich dein Geschenk, denn ein solches ist es, an, wohl ahnend, daß die herzlichste und poetischste Zeit in meinem Leben nun vergangen ist mit diesen unvergänglichen Monaten auf der alten Burg mit dir. Ich muß wohl einem anderen Ruf des Lebens folgen. Du hast mir am letzten Tag noch manch harte Worte gesagt. Allein, du hattest recht, tausendmal recht. Adieu, mein Lieb, ich gehe aus deinen Armen, jedoch in deinem Herzen bleibe ich, nicht wahr? Mein Mütterchen bleibst du doch, und das wird unser Leben lang so sein. Unsere Seelen können ja nicht voneinander scheiden. Schicke mir nur deine Gedichte, liebes Mütterchen, und ich werde sie als treuer Sohn annehmen in Ehrfurcht, zuweilen mich unterfangen, sie zu kritisieren, sie jedenfalls trachten an den Platz zu bringen, der ihnen gebührt: Du bist eine große Dichterin und poetische Frau, Mütterchen, die Gemüt, Sehnsucht, Tiefe und noch viel mehr in sich trägt.

Sei meiner kindlichen Liebe versichert...»

Die Mutter ließ das Blatt sinken. Ihr Herz klopfte dumpf und schwer. Ein poetischer Rückzug, murmelte sie bitter, o ja, so hab ich es mir vorgestellt.

Sie hörte Jenny kommen und steckte den Brief in die

Tasche ihres weiten Rockes.

Jenny setzte einen großen Waschkorb ab.

«Der wird genügen. Was hast du, Mutter, du bist ganz blaß?»

«Ach Jenny, was muß Annette gelitten haben, als sich ihr Herzensfreund von ihr gelöst hat.»

«Aber sie blieben doch Freunde», sagte Jenny erstaunt, «sie hatten einen regen Briefwechsel, jahrelang.»

«Ja», die Mutter nickte bedrückt, «und so war es allen recht, ihm, mir, euch, der ganzen Verwandtschaft, der Gesellschaft. Wir haben Annette geopfert.»

«Wie kannst du das sagen! Es hätte doch nicht anders kommen können für sie.»

Die Mutter machte eine heftige Bewegung. «Jenny, doch! Aber Levin hatte keinen Mut, der Junge. Und du und ich können ihm keinen Vorwurf daraus machen, denn wir waren genauso feige.»

Sie holte den Brief aus ihrem Rock, zerriß ihn und warf die Fetzen in den Korb.

«Verzeih uns, Annette», sagte sie leise.

«Haben sie sich wirklich jahrelang geschrieben?» fragte ich. «Weißt du etwas darüber?»

Anna nickte. «Ich habe Annettes Schrift gesehen, stell dir einen ganz eng beschriebenen Briefbogen vor, bedeckt von Rand zu Rand mit einer feinen kleinen spinnenbeinzarten Handschrift, die Buchstaben eng aneinander gedrückt gekritzelt ausgestrichen darübergeschriftet – du machst dir kein Bild! Sie war kurzsichtig, sah sehr scharf in der Nähe, und alles Ferne verschwamm ihr in Farben und Formen verfließend, neblig, unbegrenzt, ohne scharfe Konturen. Weitblick hat sie wohl auch sonst nicht

28

bewiesen, nur die unmittelbare Nähe von hier und jetzt gesehen, sonst hätte sie ja wohl die Sache mit Levin gar nicht angefangen.»

«Was regst du dich denn auf, Anna», sagte ich.

Sie sah mich zornig an. «Und er ging fort, fing ein ganz neues Leben an, während sie wartete, o nicht auf ihn, sie war viel bescheidener, sie wartete bloß auf ein Lebenszeichen, auf einen Brief, einen Anruf...» Sie stockte und sah mich verwirrt an. Dann sagte sie kurz: «Keine Ahnung, warum ich das eben gesagt habe.» Ihre schlanken Finger trommelten nervös auf die Tischdecke. «Ich weiß, wie ihr zumute gewesen sein muß, o ja. Da war sie zurückgeblieben auf der alten Meersburg, und er war hinausgegangen in eine neue Gegend, in neue Verhältnisse und Lebensbezüge, in neue Aufgaben. Sie aber...» Plötzlich stand sie auf und zog mich hoch. «Komm, Uli, wir gehen an die frische Luft. Unterwegs erzähl ich dir weiter.»

Mittagsruhe lag über dem Städtchen. Wir schlenderten an den alten Häusern vorüber und freuten uns an den leuchtenden Geranien, die überall aus Blumentrögen und Kästen quollen, eine farbenfrohe Pracht. Eine ältere Frau kam mit einer Gießkanne aus dem Haus und sah uns freundlich an. Wir grüßten sie und wechselten einige höfliche Worte. Ihr Gesicht hatte etwas Gütiges, Mütterliches an sich.

Als wir weitergingen, sagte ich zu Anna: «Du siehst Annettes Mutter ziemlich sympathisch. Dabei ließ sie sich, so weit ich weiß, noch von ihrer vierzigjährigen Tochter um Erlaubnis fragen zur Veröffentlichung ihres ersten Gedichtbandes.»

Anna machte eine ungeduldige Bewegung.

«Verkenne die Zeit nicht, Ulrike. Sie lebte vor 150 Jahren, nicht heutzutage. Und sie war ein adliges Fräulein. Ja, sie lebte in einer festen Form, in festgefügten Verhältnissen. Aber man kann ja vielleicht unterscheiden, was Rahmen ist und was der eigentliche Inhalt. Sie hatte ein besonderes Verhältnis zu ihrer Mutter, und ich glaube, ihre Mutter verstand sie sehr gut. Besser jedenfalls als die sanfte Schwester Jenny, das kannst du mir glauben. Sie scheint eine kluge Frau gewesen zu sein.

Da war sie also nach Meersburg gekommen, nachdem ihre Tochter Annette gestorben war, und sie hielt stand: der Trauer, den Erinnerungen, der Schuld – und auch der Einsicht, daß auf dem Grund ihres Schmerzes, ganz unten, ein Stück Erleichterung war. Sie ist in Sicherheit, meine Nette, endlich geborgen. Kein Mensch kann sie mehr verletzen, mißverstehen, verlassen...»

«Friedhofsruhe», sagte ich spöttisch.

Anna sah mich an. «Nein, siehst du, diese Freiin von Droste-Hülshoff lebte in ihrer Religiosität, für sie waren Erlösung, Auferstehung, Vollendung keine leeren Begriffe, es war die wahre Wirklichkeit hinter allen Dingen. Und dieser Realität vertraute sie ihre Tochter an. Der Schmerz, nein, der wurde dadurch nicht geringer, aber ertragbar, weißt du.»

Sie stand aufrecht vor Annettes geöffnetem Sekretär.

«Hat sie sehr gelitten», fragte sie, «als dieser junge Mann von hier abreiste, Jenny, hat sie sehr gelitten?»

Jenny nickte. «Sie sah furchtbar aus, Mama. Sie weinte und weinte und lag auf ihrem Sofa und wollte nichts essen, zu gar nichts konnte ich sie bewegen. Ich habe sie noch nie so gesehen, so ohne Beherrschung, so... ja, so ohne Scham. So weint ein junges Mädchen um ihren Geliebten, aber sie war doch schon über vierzig.»

«Ach Jenny», sagte die Mutter leise, «was liegt denn daran, das solltest du doch wissen.»
Jenny wandte sich ab. «Ich bin eine verheiratete Frau, Mutter. Siehst du, sie hatte kein Recht, so verzweifelt zu sein.»
Die Mutter sah sie an. «Kein Recht, Jenny?»
«Schließlich war Levin siebzehn Jahre jünger als sie. Das ist ja ganz unmöglich, daß...»
«Warum?» fragte die Mutter streng.
«Aber Mutter, dieser Altersunterschied!»
«Um wieviele Jahre, Jenny, ist dein Mann, der Freiherr von Laßberg, älter als du? Um mehr als zwanzig, nicht wahr? Sind es 25 Jahre?»
«Ja, du weißt es doch. Aber das ist ja etwas ganz anderes.»
«Warum?» fragte die Mutter scharf.
Jenny schwieg. Die Mutter ging unruhig auf und ab.
«Ich habe Herrn Schücking immer abgelehnt», sagte sie gedankenvol. «Er war wirklich zu jung für Annette.»
Sie wandte sich ihrer älteren Tochter zu. «Aber du bist auch viel zu jung für deinen Mann. Jedoch werden Verbindungen wie eure gesellschaftlich voll anerkannt, im umgekehrten Fall, wenn die Frau älter ist, jedoch nicht. Ich frage dich: ist das gerecht, Jenny?»
Jenny schwieg ratlos.
Die Freifrau sah ihr aufmerksam ins Gesicht und wiederholte leise: «Ist das wirklich gerecht? Oder gibt es vielleicht auch eine nur männliche Gerechtigkeit, die für manches blind ist?»

«Mutter», rief Jenny beunruhigt, «was sagst du da! Das geht doch nicht!»

«Nein, Jenny», sagte die Mutter sanft, «das geht nicht. Aber meinst du nicht, daß einmal eine andere Zeit kommt, in der solche Fragen gestellt werden können? Eine Zeit, in der solche Fragen vielleicht beantwortet werden?»

Anna schwieg. Sie sah etwas erschöpft aus.

«Nun ja, dieser Altersunterschied», sagte ich, «damals war das sicher ein Problem. Heute kann man – wie sagte die Freifrau – derartige Fragen stellen. Und sie werden gestellt, wir Frauen sind nicht länger bereit, uns zufrieden zu geben mit dieser nur männlich begründeten Gerechtigkeit, diese Zeiten sind zum Glück vergangen.»

«Ja», Anna nickte, «Fragen werden gestellt, aber wo sind die Antworten, Ulrike?»

Etwas in ihrem Gesichtsausdruck machte mich vorsichtig.

«Jede Zeit hat ihre eigene Antwort», sagte ich vage.

«Wie wahr.» Anna blieb stehen. «Kehren wir jetzt um? Ich möchte mich eine Weile hinlegen. Später kannst du mir erzählen, wie's in der Meersburg war.»

Gebrochene Schwingen

«Kein Gedanke mehr an Maß und Räume
ist ein Ziel, gesteckt für unsre Träume.»
Annette von Droste-Hülshoff
«Unruhe» 1816

«Ja, Anna, ich ging über die breite Zugbrücke, unter mir
das alte hölzerne Mühlrad, und kam zum Tor hinein,
durch das sie so oft gegangen sind: Jenny von Laßberg
und ihr Gemahl, der alte gütige Mann, und die zwei
Töchterchen Hildegard und Hildegund, und die vielen
Gäste – die Kutschen haben wohl schon vor der Brücke
gehalten, da sind sie ausgestiegen – Annette auch, und die
Mama, und zuletzt auch er, Levin Schücking. Ich sah sie
ganz lebendig vor meinem inneren Auge, mit ihren
langen Kleidern und den Hüten, fest geschnürt und aufrecht, und die Männer, wie sie vom Pferd sprangen und
sich verneigten, und der alte Freiherr von Laßberg empfing sie alle mit gleichbleibender freundlicher Gastlichkeit.
So früh am Vormittag waren nur ganz wenige Leute auf
der Burg, das war mir recht. Ich trat in einen großen alten
Raum mit niedrigen Deckenbalken und unebenen alten
Holzdielen. Die Wohnräume waren imposant, Anna,
riesige Kachelöfen standen da, also, heizen konnte man
die sicher gut, das heißt natürlich das Personal, all die
geschäftigen dienstbaren Geister...»

«Jetzt komm mal zur Sache, Ulrike!»

«Gleich, Anna, gleich. Du mußt die Atmosphäre der
alten Burg auf dich wirken lassen. Blick durch eines der
grünumrankten Fenster, und du siehst auf den Burg-
garten mit den schönen Pflanzen – Jenny hat ihn damals

33

mit viel Mühe angelegt und gepflegt – oder du kannst, von weiter oben, einen Blick über den Garten hinweg haben, hinab zum Bodensee bis zum anderen Ufer, das fast im nebligen Dunst versinkt. Ich ging dann gleich zum sogenannten Droste-Turm, dahin, wo Annettes letzte Wohnung war, als ihr das Treppensteigen zunehmend Mühe machte. Ja, hier hatte sie gewohnt die letzten anderthalb Lebensjahre.

Ich trat also ein in ihre Wohnung. Es war ganz still, nur die dunklen Holzdielen knarrten unter meinen Schritten. Wäre sie gesund gewesen, sie wäre mir entgegengekommen, aber sie war ja doch leidend...»

«Ulrike, also bitte, laß das! Bleib in der Realität, bleib in deiner Zeit!» unterbrach Anna.

«Du hast recht», sagte ich, «es kam mir eben so in den Sinn. Ihre Zimmer, drei ineinandergehende Räume, liegen gegen den See zu. Das erste Zimmer ist ihr Schlafzimmer. Das schmale Bett an der Wand, darin ist sie gestorben. Ein paar Blumen liegen auf dem Spitzenüberwurf und, Anna, stell dir vor, über das Kopfende ihres Bettes hat man einen Lorbeerkranz gehängt.»

«Na und? Schließlich soll sie ja Deutschlands größte Dichterin gewesen sein.»

«Ja, schon, aber einen Lorbeerkranz, ich bitte dich! Das paßt überhaupt nicht zu ihr. Ich hätte ihn am liebsten von der Wand gerissen. Da stand ich also vor diesem Bett, und sie lag darin, ihr Gesicht war fast so weiß wie das Kissen, unruhig bewegte sie ihre Hände auf der Bettdecke...»

«Ulrike, ich hab's dir schon mal gesagt: Laß den Quatsch und bleib in der Realität!» sagte Anna grob.

Ich wurde zornig. «Was heißt denn Realität!» rief ich, «siehst du denn nur das, was dir unmittelbar vor Augen

ist? Und still, Anna, hörst du jetzt nicht die alten Holzdielen knarren? da kommt doch jemand.»

«Uli, du glaubst ja selbst, was du da fabulierst.»

«Ich fabuliere nicht. Hör doch, Anna. Aber dieses Mal
ist es ein leichter Schritt. Vielleicht ein Kind?»

Annette öffnete die Augen. Eine leichte Hand hatte über
ihre Stirn gestrichen, eine Berührung so zart wie eine
liebe Erinnerung. Es war Hildegard.

«Tantchen, Mama hat mich geschickt, ich soll dir etwas
vorlesen.»

Annette hielt die Kinderhand fest. «Das ist lieb von
deiner Mama und von dir, Hildel. Was möchtest du denn
gern lesen?»

«Mama sagte, etwas Leichtes, eines deiner Gedichte.»
Die kranke Frau lächelte. «Etwas Leichtes, ach ja. Was
nehmen wir denn da? Denn siehst du, Hildchen, das
Leichte muß man suchen, das Schwere ist viel näher.»

«Ich finde etwas Leichtes», sagte das Mädchen eifrig.
Sie blätterte und las angestrengt in dem Band, den sie
vom Tisch genommen hatte.

«Hier, Tante Nettchen, soll ich das lesen: der kranke
Aar? Wo du doch jetzt auch krank bist?»

«Lies, Hildchen, lies», sagte Annette leise, «aber ob es
etwas Leichtes ist, wie Jenny es möchte?»
Und Hildegard las, das feine Stimmchen modulierend,
mit kindlicher Betonung:

> Am dürren Baum, im fetten Wiesengras
> ein Stier behaglich wiederkäut' den Fraß;
> auf niederm Ast ein Adler saß,
> ein kranker Adler mit gebrochnen Schwingen.

«Steig auf, mein Vogel, in die blaue Luft,
ich schau dir nach aus meinem Kräuterduft.»
«Weh, weh, umsonst die Sonne ruft
den kranken Adler mit gebrochnen Schwingen!»

«O Vogel, warst so stolz und freventlich
und keine Fessel wolltest ewiglich!»
«Weh, weh, zu viele über mich,
und Adler all, – sie brachen mir die Schwingen!»

«So flattre in dein Nest, vom Aste fort,
dein Ächzen schier die Kräuter mir verdorrt.»
«Weh, weh, kein Nest hab ich hinfort,
verbannter Adler mit gebrochnen Schwingen!»

«O Vogel, wärst du eine Henne doch,
dein Nestchen hättest du im Ofenloch.»
«Weh, weh, viel lieber Adler noch,
viel lieber Adler mit gebrochnen Schwingen!»

«Das hast du schön geschrieben, Tante Nette, aber mir
tut der arme Adler leid.»
Annette schüttelte den Kopf. «Ach nein, Kind, siehst du,
es hat nicht anders für ihn sein können.»
«Aber warum hat er die Schwingen gebrochen?»
«Weil er anders war als die anderen. Weil er zu stolz
war. Weil er sich partout nicht fesseln lassen wollte. Und
weil er es nicht einsehen konnte, daß jemand das von
einem Adler verlangen dürfte.»
«Das sehe ich auch nicht ein, Tante Nette.»
Annette streichelte die Kinderhand auf ihrer Bettdecke.
«Doch, doch, Hildchen, meistens sieht man es ein, aber

es braucht lange Zeit, sehr lange Zeit.»

Anna legte mir ihren Arm um die Schultern.

«Verzeih, Uli, daß ich vorher grob war zu dir», sagte sie. «Dieses Gedicht sagt wirklich sehr viel. Bestimmt ist sie früh verletzt worden in ihrer Seele, und danach konnte sie nicht mehr fliegen – wie ein Adler mit gebrochenen Schwingen.»

«Bis Levin kam», sagte ich, «mit ihm hat sie das Fliegen wieder gelernt.»

«Warst du lange in ihrem Sterbezimmer?» fragte Anna.

«Sehr lange. Ich setzte mich dort auf einen Stuhl. Vielleicht ist das verboten, ich weiß nicht, aber niemand hat was gesagt, und es kamen auch nicht viele Besucher. Anna, ich hab gestern viel gelesen, und das, was du erzählt hast und das, was ich gefühlt habe und geahnt dort an ihrem Bett, das alles ist in mir zusammengeflossen zu einem Bild, das immer deutlicher wird.»

«Vielleicht hat sie dir auch manches erzählt», sagte Anna lächelnd, «die kranke Annette in ihrem Bett im Drosteturm, die so viel allein war und nur wenig Besuch bekam...»

Entrüstung

«Fesseln will man uns am eignen Herde,
unsre Sehnsucht nennt man Wahn und Traum,
Und das Herz, dies kleine Klümpchen Erde,
Hat doch für die ganze Schöpfung Raum.»
Annette von Droste-Hülshoff,
«Unruhe» 1816

Die Kranke schloß erschöpft die Augen.
Eine gefürchtete Stimme, laut, scharf artikulierend drang
auf sie ein. «Onkel August?» sagte Annette fragend.
Nun trat er heraus aus der Verborgenheit.

    «Wer hat dir solche Flausen in dein hübsches Köpfchen
gesetzt? Du, ein Fräulein, unterwiesen in allem, was eine
Dame von Stand braucht...» Er stand im Gartensaal im
großelterlichen Haus, die Reitpeitsche in der Hand und
ließ seinen Blick widerwillig auf seiner jungen Nichte
ruhen.
Annette war von ihrem Stuhl aufgestanden und stand
kerzengerade da, mit erhobenem Kopf. Eine leichte Röte
lag auf ihrem zarten Gesicht. «Was meinst du jetzt im
einzelnen, Onkel...»
    «Du hast Haltung, Bildung – das allerdings etwas zu
viel, da du unseligerweise mit deinen Brüdern zusammen
unterrichtet worden bist – du singst, zugegebenermaßen
etwas befremdlich, jedoch du spielst hübsch Klavier,
kannst feine Handarbeiten machen – das kannst du doch,
oder?»
    «Ja!» Annette beherrschte sich mühsam.
    «Nun also. Du kannst in Gesellschaft mitreden bei

38

einer gebildeten Unterhaltung, beispielsweise über Poesie und auch ein bißchen Philosophie, du machst selbst zierliche Reime...»

«Hör auf, Onkel August, das alles klingt mir ganz schrecklich in den Ohren, das ist öde, öde..!»

«Was soll das heißen, Annette!?»

«Es ist eine so starre Form, Onkel, in die du – und nicht nur du – mich hineinpressen willst. Warum soll ich gehalten werden wie eine Gefangene im Gemäuer von Konventionen und Sitte und Unverstand...»

«Anna, das geht zu weit! Besinn dich, wer du bist! Du bist kein Mann! Dein Bruder dürfte allenfalls so reden, wiewohl dieser seine Worte gemessener wählen würde als du.»

«Ich kann und weiß genausoviel wie mein Bruder, und das drücke ich nur aus Bescheidenheit so aus!» rief sie. «Ihr wollt meinen Geist klein halten, Onkel, auch du. Mir ist's zuweilen, als wandle ich zwischen trockenen Bohnenhülsen, nichts als das dürre Rappeln und Knistern um mich her*.»

Onkel August wurde rot vor Zorn. «Wach auf aus deinem Wahn, Fräulein! Komm auf die Erde! Du bist ein verrücktes Frauenzimmer. Deine unweiblichen Reden machen dich unerträglich. Sieh lieber zu, daß du eine gute Partie machst!»

Annette ballte die Fäuste. «Ich will keine gute Partie machen, Onkel!»

«Na, was willst du dann!»

«Ich will einen ebenbürtigen Menschen, einen Gefährten, in Gleichheit, einen Partner.»

«Was soll dieser Begriff, auf die Ehe bezogen! Was bildest du dir ein! In der Abgeschiedenheit eurer Wasser-

burg hat sich dein Sinn verwirrt. Du bist nicht nur stolz, nein, hochmütig, revolutionär bist du! Lerne Demut, Weib! Halt, hiergeblieben, wo willst du hin..!»
Annette riß sich los. «Laß mich frei! ich muß zur Groß-mutter!»

Die Kranke lächelte bitter: Ja, ich bin geflohen vor ihm. Ich rannte den Kiesweg hinüber zum Wintergarten und riß die Tür auf. Großmama war erschrocken, sie saß in ihrem Rohrsessel. Doch im nächsten Augenblick strahlte ihr schönes Gesicht schon wieder Güte aus und gewann seinen tiefen Frieden zurück. Ein Andachtsbuch lag auf dem Tischchen neben ihr.

«Großmama!» rief ich, kniete mich vor sie hin.

«Du bist erhitzt, mein Kind», sagte sie lächelnd, «ihr junges Volk seid immer so ungestüm.»

«Großmama!» rief ich, «warum verwehrt man uns, im Mann einen gleichen Menschen zu finden?!»
Großmama sah mich verwundert an. Lange sagte sie kein Wort. Schließlich antwortete sie – und ihre Stimme war wie eine tröstende Berührung:
*«Ach Annette, du wirst schon finden, was du suchst – und wir suchen doch alle einmal, wenigstens inkognito.»
Ich legte den Kopf in ihren Schoß.
«Großmutter», flüsterte ich, «aber ich weiß, daß ich nie finden werde.»
«Das heißt nun nichts, mein Kind», sagte sie verweisend, «das kannst du selbst nicht glauben. Bete zu Gott, und er wird ein so reines und heißes Flehen nicht überhören.»
Wir blieben eine Weile still. Dann hob ich den Kopf und sah ihr ins Gesicht. «Doch mein ruheloses törichtes Gemüt hat so viele scharfe Spitzen und dunkle Winkel.

40

Das müßte eine wunderlich gestaltete Seele sein, die da so ganz hineinpaßte.»*

Großmutter lächelte. «Auch das wird sich finden.»

«Wenn ich doch keine Frau wäre!» rief ich laut.

Großmama legte mir sanft ihre kühle Hand ans Gesicht.

«Gott hat uns als Frauen geschaffen», sprach sie mit ihrer ruhigen Stimme. «So ist es uns bestimmt, so ist es gut.»

«Du meinst, sie hat sich eingeengt gefühlt, Ulrike?» Anna sah mich nachdenklich an.

Ich nickte. «Ich glaube, auch darin hat die Familie sie nicht verstanden, auch Jenny nicht, auch die Mutter nicht. Die waren ja immer zufrieden mit ihrem Leben und der Welt, so wie sie eben war. Die fühlten sich nicht wie eingeschlossen. Die machten ihren vorgeschriebenen Weg, zufrieden, fraglos. Für Annette sah das anders aus. Sie hatte so viel Lebenshunger, so viel Sehnsucht. Aber ihr Weg war durch andere längst vorbestimmt. Das wußte sie. Und das machte sie krank.»

Die Allee

«...ein Gemüt, das man nicht leise genug
hätte berühren können...»

Annette von Droste-Hülshoff,
«Ledwina»

Oft denke ich an die Allee in Hülshoff, sie ist mir eigentlich immer vor Augen, so vertraut, so gegenwärtig, und
immer legt sich dann ein Gefühl leichter Bedrückung auf
mich. Die Allee und ich. Schlank ragen die Stämme
empor wie aufgerichtete Anakonden, sie breiten ihre
Wipfel über mich, ich gehe den Weg, den sie mir weisen,
diese unerbittlichen Wächter, schnurgerade, der rechte
Weg der rechte Weg – aber jenseits ist die Wildnis, das
Ungezähmte, Unordentliche, und ich weiß, ich würde
mich verirren, vielleicht zugrundegehen, aber ich sehne
mich danach, in diese grüne Wildnis zu gehen, durchs
Gestrüpp; die Dornen würden mir die Hände blutig
reißen, die Kleider zerfetzen und mein Haar lösen und
zerren, mein gelöstes langes Haar, und ich würde schrei-
en, ungewohnte, ungehemmte Laute würden sich meiner
Kehle entringen, oder nein, ich wäre still, ganz still, daß
mich niemand findet und zurückbringt, denn vielleicht,
vielleicht liegt in der grünen dichten Wildnis etwas, was
mich jubeln ließe, singen... ich weiß es nicht, doch, ich
weiß es, aber ich gehe die Allee entlang, den gebahnten
Weg, und höchstens der Saum meines Kleides wird vom
Staub berührt, und mein Haar, mein geflochtenes ge-
scheiteltes gedrehtes mit Spangen befestigtes gebändig-
tes Haar liegt mir schwer auf dem Kopf, so daß ich ihn
senken muß; mit gesenktem Kopf durchschreite ich die

Allee, den rechten Weg den rechten Weg.

Wie ich noch ganz,ganz klein war, ich war gewiß erst 4 oder 5 Jahr, denn ich hatte einen Traum, worin ich 7 Jahr zu sein meinte und mir wie eine große Person vorkam, da kam es mir vor, als ging ich mit meinen Eltern, Geschwistern, und zwei Bekannten spazieren, in einem Garten, der garnicht schön war, sondern nur ein Gemüsegarten mit einer geraden Allee mitten durch, in der wir immer hinauf gingen. Nachher wurde es wie ein Wald, aber die Allee mitten durch blieb, und wir gingen immer voran. Das war der ganze Traum, und doch war ich den ganzen folgenden Tag hindurch traurig und weinte, daß ich nicht in der Allee war und auch nie hinein kommen konnte.*

Damals meinte ich wohl, die Allee könne mich an einen wunderbaren, nie gesehenen, reichen, geheimnisvollen Ort bringen. Nun bin ich schon lange in der Allee. Heute weiß ich es: Die Allee führt nirgendwohin, da ist kein Ort, nirgends ein Ziel, da ist nur der Weg der Begrenzung, der nie aufhört. Und das Bleiben, das Gehen in der Allee, auf dem vorgeschriebenen Weg...

Levin war der einzige, in dem ich das Ziel meiner Sehnsucht je erreicht habe. Wollen und Bekommen, nie paßten sie zusammen bei mir, nie gab es ein Gleichgewicht wie bei anderen Menschen. Und im Lauf der Zeit gewöhnte ich mir an, meiner Sehnsucht gleich die zu erwartende Enttäuschung zur Seite zu stellen.
Es war kurz vor Jennys 13. Geburtstag.
    «Was wünschst du dir am meisten, Jenny?»
Sie sah mich verwundert an. «Ich?»

«Ja, du!» Meine Ungeduld stand sofort neben mir. «Was wünschst du dir, wo du doch nun schon 13 Jahre alt wirst?»

Sie zählte ihre Wünsche an den Fingern ihrer Hände. «Mit Mama ins Theater gehen, mit euch allen eine Kutschfahrt machen, einen Stickrahmen, daß wir alle fröhlich spielen, daß Papa mit mir sein Naturbuch ansieht, daß du eine lustige Geschichte erzählst...»

«Und du meinst, alles, was du wünschst, bekommst du auch?» fragte ich spöttisch.

«Ja!» Sie sah mich ruhig an, eine gelassene Zufriedenheit lag in ihrem Gesicht.

«Ich erzähl dir aber keine lustige Geschichte!» Ich forschte nach Zeichen von Enttäuschung in ihren Zügen. Sie aber blieb heiter.

«Einmal erzählst du mir doch eine.» Ruhig tauchte sie ihren Pinsel ins Farbtöpfchen und zog einen feinen Strich auf ihrem Blatt. Ich stieß leicht an ihre Hand, ein häßlicher Klecks verunstaltete ihr Bildchen. Geduldig nahm sie einen Lappen und wischte daran herum.

«Am Abend deines Geburtstages wirst du enttäuscht sein», raunte ich ihr zu und beobachtete ihr Gesicht. Würde ein Schatten darüber ziehen? Würde ihr heller Blick sich trüben? Würden sich ihre Mundwinkel senken?

Aber sie lächelte friedlich. «Mein Geburtstag ist immer schön.»

«Jenny!» rief ich. «Hast du dir nie gewünscht, weit fort zu reisen, vielleicht nach Afrika, in die Wüste, in die weite geheimnisvolle Wüste? Oder ans Meer, wo die Wellen haushoch sein können und mit Donner an die Felsen schlagen?»

Jenny lachte und schüttelte verständnislos den Kopf. «Hier ist es doch am schönsten, Nette, hier in unserem lieben Hülshoff, oder in Bökendorf, bei Großmama.» Sie hielt inne und stand still da, den Pinsel in der Hand, und nach einer Weile sagte sie träumerisch: «Vielleicht möchte ich auch einmal zu Tante Betty reisen und den Rhein sehen.»

Ich legte meine Arme um ihren Hals und flüsterte ihr ins Ohr: «Ich will manchmal einfach fortrennen, Jenny, ganz weit, aus dem Park hinaus und in die große Welt, einfach hinaus.»

«Nach Münster?» fragte sie interessiert.

Ich ließ sie los. «Ich gehe in den Garten», sagte ich verdrießlich.

«Sei pünktlich um acht zum Essen da!» rief sie mir nach. «Es gibt Blumenkohl.»

Ich warf die Tür ins Schloß.

«Anna Elisabeth», in Mamas Stimme lag Ärger, «wie oft sagte ich dir schon, du sollst die Tür leise schließen.» Sie war aus ihrem Zimmer auf den Flur herausgetreten. «Es war der Luftzug, Mama.» Ich lief hinaus in den milden Abend. Der Hausgarten atmete Behäbigkeit und heimatliche Schwere.

Aber mich zog es weiter, hinüber zum Bach, über seinem spärlichen Wasser lag warmes Abendlicht. Eine große Stille stand um mich und nahm mich auf. Komm, sagte sie, du brauchst nichts zu fürchten.

Eine graue Dämmerung umhüllte schon den Park. Fremd, fremd war ich hier, kleine Gestalt zwischen hohen, dunklen Bäumen. Doch schien mir alles voller Zauber und Verheißung zu sein, und Fernweh durchzog mich und Angst auch. Ich verharrte wie an der Schwelle in ein anderes Land. Zwölf Jahre war ich alt, damals, daheim in Hülshoff. Und dann?

Dann kehrte ich heim in die bergenden Mauern unseres Schlosses.

Ich kam viel zu spät, Mamas Blick verhieß nichts Gutes, aber sie schwieg, denn die Familie saß vollzählig um den Tisch, und die Mägde trugen das Essen auf. Während die anderen schon bei der Nachspeise waren, mußte ich meinen Teller mit Blumenkohl leer essen.

Ich schlang das Essen hinunter, denn ich war ungeduldig darauf, in mein Zimmer zu kommen, Worte und Sätze begannen sich zu formen in meinem Innern. Laut sagte ich: «Mama, ich habe Kopfweh.»

Sie sah mich an mit gerunzelter Stirn. «Geh auf dein Zimmer, Nette.»

Und ich schrieb das Gedicht, Worte eines Kindes an der Schwelle zum Erwachsensein, und wenn ich es heute lese, spüre ich wieder das Sehnen und ungeduldige Warten meiner jungen Jahre.

...Einsam wandelt' ich hier,
                    durchkreuzend die sandigen Wege,
zwischen den Zwiebeln,
            die hoch da standen und strotzend von Blüte.
Alle streckten sie sich,
                    als wollten gen Himmel sie wachsen;
eine vorzüglich
            erhob sich neben mir, höhnend sich messend:
«Strecke dich immer,
            du Ding; du bist doch nicht größer als ich bin.»
Gnüglich nun lenkt' ich
                    den Schritt und blickte zur anderen Seite.
Sieh, da erblickt' ich

jetzt des Blumenkohls gelbliche Blüte,
gelb und feige sich bückend,
            so stand er, der Ekel der Zunge;
auch die zierlichen Bohnen,
            die hohen, am Stocke erwachs'nen,
Vitzebohnen,
            so nennt man sie in der Sprache der Küche,
auch die niedrigen,
            doch weit mehr enthaltenden, dickern;
und der Blumen Gemisch,
            der Kürbisse prangende Staude,
alle standen sie da, beglänzt vom freundlichen Monde.
Wenig kümmern indes
            mich Küchensachen und Blumen,
darum wandt' ich mich weg,
            und siehe, die Fläche des Baches,
welcher den Garten umkreist,
            war sanft versilbert vom Monde.
Staunend stand ich hier still,
            versenkt im entzückenden Anschaun.
Aus der Wonne Gefühl erweckte die Stimme der Glocke
mich, ich horchte, und o! es tönte der achte der Schläge!
Jetzund eilt' ich hinweg
            zum schaurigen Dunkel des Parkes;
freundlich schimmerte durch die Äste die trauliche Luna.
Aber jetzt wag ich mich
            in die heimlichsten, dunkelsten Gänge.
Schaurig ist's hier fürwahr,
            mir bangt bei jeglichem Laute;
und es bildet die Angst
            mir trügend schreckliche Bilder –
sehe ich moderndes Holz,

des Glühwurms kleine Laterne,
zaubert die Phantasie mir feurige Männer und Geister,
flinke Elfen, die sich
im Tanze durchkreuzen, und Gnomen!
Bange wird es mir drin, und ich eile hinaus in das Freie,
in das freundliche Feld,
wo schon der Weizen heranreift,
und es rauschet das Korn; es zirpt die Grille im Grase,
und es liegen umher in blauer Ferne die Berge,
sanft beschienen vom Glanz
des allbeleuchtenden Mondes.
Schweigend wandelte ich am silbern blinkenden Bache,
und es stimmte mein Herz sich
still zur Freude voll Wehmut.
Wehmutsvoll begann ich
und sang voll inn'rer Empfindung:
–
'Sage, wo wohnt das Glück?
wo wohnet die Ruhe des Herzens?
Wohnt es im goldnen Palast?
wohnt es im fürstlichen Saal?
...O, so wohnt es vielleicht
an Indiens reichen Gestaden –
bei dem Wilden, der frei
Freiheit und Gleichheit nur kennt?
...Ach, so wohnt es nicht hier,
es wohnt nicht bei Reichtum und Ehre,
sage, wo wohnt denn das Glück,
wohnet die friedliche Ruh?...'
–
Als ich geendet das Lied,
so ging ich voll innerer Schwermut

still die Felder entlang,
                    betrachtend die Wahrheit des Liedes...
Ha, wie schütteln sich schon
                    des Parks erhabene Wipfel –
ach, wie weht es so kalt und mahnt, nach Hause zu gehen!
Und ich folge dem Ruf
                    und eile geschwind durch die Felder
und den Garten ins Haus,
                    wo lange das Essen schon wartet.*

Sehnsucht und Erfüllung – nur in Levin war dann ein
Gleichgewicht erreicht. Während der Zeit mit ihm kamen
endlich die widerstrebenden Kräfte meines Lebens in
einen gleichen Schritt.
Aber alle Zeit vorher waren meine Erwartung und meine
Wirklichkeit ein ungleiches Gespann! Der schwarze feurige Rappe konnte ja nicht mit dem schweren Kaltblut in
Gleichschritt fallen, immer und immer wieder mußte er
steigen, daß die Mähne flatterte, blähte die Nüstern – und
riß sich los und galoppierte – doch abends hielt er den
Kopf nicht mehr empor, wenn er wieder in die umschrank-
te Einfriedung schritt, von allein, müde von Enttäuschung, mit niedergehaltenem Zorn.
Warum kehrte er denn zurück? Warum kehrte er immer
wieder von neuem zurück?
Aber jetzt, mein Rappe, wirst du vergebens nach deinem
Stall suchen. Nun wird dir der umfriedete Raum für
immer verschlossen bleiben.

Aufbrüche

«Sage, wo wohnt das Glück?
wo wohnt die Ruhe des Herzens?»
Annette von Droste-Hülshoff,
«Der Abend»

«Du verstehst das gut, Uli, nicht wahr?» lächelte Anna. Ich nickte. «Siehst du, sie wollte immer mehr, als ihr zustand. Doch da war so vieles, was sie hinderte: die Sitte, das Herkommen, die Familie, ihre schwache Gesundheit, ihre Zaghaftigkeit, ihr Ausgeliefertsein an trübe Stimmungen...»

«Hatte sie denn diese depressiven Zeiten schon als junges Mädchen?» fragte Anna.

«Immer schon», sagte ich, und Bitterkeit stieg hoch in mir. «Und wer verstand sie denn schon darin? Ihre lebensbejahende Mutter? Die harmlose Jenny? Ihr Vater, der sich tagelang nicht sehen ließ und sich nur mit seinen Vögeln und Pflanzen abgab? Was sie zu hören bekam, war doch immer dasselbe: Mein Gott, was hast du schon wieder! Stell dich nicht so an! Nimm dich zusammen...» Anna sah mich aufmerksam an. «Vielleicht war sie gar nicht so unverstanden, wie sie sich's manchmal eingeredet hat. Hör zu, Ulrike, die lebensbejahende Mama und die harmlose Schwester, wie du sie genannt hast, die haben bestimmt mehr gewußt.»

Jenny wischte sich die Tränen vom Gesicht. «Mama, so war sie schon immer. Auf Hülshoff, auf unserer lieben Wasserburg, als Papa noch lebte und Ferdinand, und wir alle noch beieinander waren, da war sie schon so.

Warte, sie hat es doch beschrieben, da war sie noch so jung, bleib hier sitzen, ich hole es.»

Jenny lief hinaus und blieb lange weg.

Die Mutter dachte zurück an die Zeit, als Annette noch ein Mädchen war. Oft war sie hinausgegangen zu einsamen Streifereien im Park und noch weiter, den Fluß entlang in das Wäldchen, allein, meine Nette, und es war mir nicht recht. «Warum gehst du immer diesen verdrießlichen Weg am Fluß, Nette?» habe ich sie einmal gefragt, und sie sah mich an mit ihrem eigentümlichen langen Blick. Ihre hellen Augen schienen noch größer zu sein als ohnehin schon.

«Ich habe den Weg nun einmal sehr lieb», sagte sie, «ich glaube, das Wasser tut viel dazu. Die Spiegelung auf dem Wasser ist so eigenartig, so schön. Die Blätter an den Büschen sehen im Spiegel des Wassers aus wie grüne lebhafte Schmetterlinge. Und mein Gesicht, Mama, spiegelt sich so fremd im Wasser, zuerst ruhig und dann zitternd und dann verfließend, so wie wenn sich alles auflöst und verschwimmt und vergeht...»

«Annette», sagte ich laut, «diese Träumereien sind nicht gesund, und die Luft draußen am Wasser ist modrig und kalt, du wirst dich doch nicht erkältet haben. Laß dir einen heißen Tee bringen und leg dich dann nieder, du weißt selbst, wie wenig du verträgst.»*

Annette wandte sich ab und schwieg. Ihre Schultern hielt sie steif vor unterdrücktem Unwillen. Ich sah es mit erschrockener Beschämung. Doch dann sagte sie leise: «Ja, Mama», und ging hinaus.

«Da siehst du es, Anna. Niemand hat sie verstanden.»

«Die Mutter war einfach ratlos», sagte Anna. «Kannst

du das nicht verstehen?»

Ich überlegte. «Ja, vielleicht. Aber, Anna, weißt du, wie das ist, wenn du mit keinem reden kannst, richtig reden, verstehst du? Wenn alles, was du sagst, nicht ernstgenommen wird oder abgelehnt, so daß du dir bald vorkommst wie eine Ausgestoßene...»

Anna machte eine ungeduldige Bewegung. «Sei nicht so übertrieben, Ulrike, solch egozentrische Menschen gehen ihrer Umgebung auch stark auf die Nerven, kann ich mir denken. Man hat dauernd Sorge um sie, sie setzen einen ins Unrecht, verstehst du?»

«Hier, Mama.» Jenny hielt ein graues Bändchen in der Hand. «Hier habe ich mir eine Abschrift gemacht, <Berta>, weißt du noch, es hätte ein Trauerspiel werden sollen.

Sie hat es nicht fertiggeschrieben wie so vieles. Siehst du die Jahreszahl?»

Die Mutter sagte versonnen: «1814, da war sie gerade 17 Jahre alt. Ich erinnere mich. Sie hat ab und zu daran geschrieben und schien mir zufrieden dabei zu sein. Aber dann hat sie es immer wieder weggelegt, und zuletzt blieb es ganz liegen, unvollendet wie so vieles.»

«Ich weiß. Aber siehst du, sie hat da vieles über sich geschrieben, und von mir auch. Berta – das war sie selber, und mich hat sie Cordelia genannt. Hör zu.

Cordelia: O, sieh mich nicht mit diesem Blicke an,
dem stillen, trüben, der das Herz mir engt.
Zwar nimmer war so heiter dein Gemüt
wie meins, das keine bange Sorge kennt,
und nur im Kreise holder Häuslichkeit
für sich und seine stillen Pflichten lebt.

Doch wie seit ein'gen Wochen ernst und düster,
so sah ich nimmer deinen scharfen Blick.
Im Winkel trauert einsam dein Geweb',
nicht mehr gefördert von der fleiß'gen Hand.
Und stundenlang wallst einsam du umher
im sonn'gen Garten, setzest dann dich nieder,
schaust unbeweglich auf den Boden hin,
als wolltest du die Körner Sandes zählen,
und spielest mit den Fingern, seufzest tief;
auch rinnt oft unbemerkt vom Auge dir
die Trän' herab auf den beblümten Rasen.
So hab ich oftmals trauernd dich gesehn,
wenn deine Tränen rings den Boden netzten
und trübe Schwermut im Gesicht dir lag.
Allein du sahst die bange Schwester nicht,
sahst nur dein eignes, innres, tiefes Leid
und blicktest starrend in die blaue Ferne
und auf den bunten, blumenreichen Rasen.
Dann schlich sie traurig, unbemerkt von dannen,
wohl wissend, es vergrößre nur dein Leiden
und mach noch stiller dich, zurückgezogner,
wollt ich dich mit vorwitz'gen Fragen quälen,
und schloß mich trauernd dann in meine Kammer
und weinte bittre, heiße Schwestertränen.
Allein du hörst nicht.»
Die Mutter seufzte. «Ich erinnere mich. So hast auch du,
wie ich, mit überwachem Blick sie beobachtet. O ja, ich
hatte Sorge um sie. Sie war... Jenny, ich weiß nicht,
manchmal dachte ich, sie sei schwermutskrank oder noch
etwas Schlimmeres. Ihre Nerven waren ja ständig über-
reizt. Und sie schlief viel zu wenig. Wie oft hörte ich sie
in der Nacht ruhelos umhergehen, und manchmal redete

sie auch vor sich hin, mehr als einmal tat sie das.»

Jenny nickte bekümmert. «Ich weiß.»

Die Mutter ging unruhig auf und ab. «Und dann ihr Singen! Dieser tieftraurige Ton, diese heiseren Seufzer, die sie ab und zu einwob in ihre Melodien, dieses dunkle Tremolieren, Jenny, nein, das hörte ich gar nicht gern.»

«Ja, Mama, warte... hier, da schreibt sie:

Cordelia: O, deine Harfe, o, die mordet dich,
und tönt mit ihren silberhellen Saiten
dir diese Träume in dein banges Herz!
Wenn oftmals traulich wir ein Weilchen kosen,
und muntrer du dann scheinst, die Stirne heller,
dann greifst du plötzlich in der Harfe Saiten
und trüber wird dein Blick, dann singst das Lied
vom Hüttenmägdlein, singst es immer wieder,
und lullest dich in finstre Schwermut ein.»

Die Mutter sah ihre Tochter an, auf ihrem Gesicht lag der Ausdruck eines alten Schmerzes. «Was hätten wir noch tun können, Jenny?» fragte sie leise.

«Ich weiß es nicht, Mama.»

Die alte Freifrau sah auf den Wäschekorb, der nun fast voll war mit Briefen, Zetteln, Andenken aller Art, getrockneten Blumen und Muscheln, Theaterprogrammen und Manuskriptseiten.

«Das genügt fürs erste. Das wichtigste sind die Briefe.»

«Und die Briefe, die Annette geschrieben hat...» sagte Jenny. «Sie hat Levin oft lange Briefe geschickt, das weiß ich. Was ist mit denen?»

Die Mutter nickte.

«Werner wird hingehen müssen, er ist das Oberhaupt der Familie von Droste-Hülshoff. Er wird das regeln.»

Jenny sah sie zweifelnd an. «Ich weiß nicht, ob Werner Erfolg haben wird in dieser Sache.»

Die alte Adelsfrau straffte den Rücken und sagte mit hochmütiger Zuversicht: «Herr Schücking wird einem Freiherrn von Droste dieses verständliche Ansuchen nicht abschlagen können.»

Sie setzte sich auf einen Stuhl.

«Es ist furchtbar, wenn die Mutter den Nachlaß der Tochter ordnen muß. In natürlicher Ordnung wäre es gewesen, wenn ihr, du und Annette, meine Korrespondenz gesichtet hättet.»

«Ach Mama», sagte Jenny weich.

Die Mutter sah auf ihre Hände. «Weißt du, als es einmal ganz schlimm war, in ihren jungen Jahren, da hab ich es mir einmal gewünscht, daß sie vor mir sterben sollte.»

Jenny sah sie erschrocken an.

«Doch, Jenny», sagte die Mutter, «es war so. Als ich sie einst bei Morgengrauen antraf im Gang vor ihrem Zimmer auf Schloß Hülshoff, alles schlief noch, und sie, sie kehrte eben zurück von einem einsamen Gang draußen. Es regnete. Sie sah furchtbar aus, ihre Hände waren blutig gekratzt, als ob sie in Dornen gegriffen hätte, ihr Haar hing aufgelöst in nassen Strähnen um ihr Gesicht. 'Warst du draußen, Kind?' fragte ich. Sie nickte und sah mich an mit einem Blick, der mich mehr als erschreckte. Und ihre Augen glänzten, etwas Unruhiges, ja Gejagtes lag in ihrem Gesicht.

Ich führte sie zu ihrem Bett, zog ihr die zerrissenen Kleider aus und die nassen Strümpfe von den Füßen und deckte sie zu. Sie schlief sofort ein. Ich stand an ihrem Bett, mein Herz tat weh, und ich dachte: wenn das nun der Anfang des Wahnsinns ist...

Ihr Gesicht sah so kindlich aus, so verletzlich, und da sagte ich diesen Satz vor mich hin, ja Jenny, das tat ich: wenn man sie doch vor mir hinaustrüge! Und so ist es ja jetzt gekommen.»

Es war später Nachmittag. Ich saß in einem Straßencafé, unserem Treffpunkt, Anna war in die Bibliothek gegangen und wollte sich Literatur über Annette besorgen. Sie war fast noch eifriger als ich. Ihr journalistischer Spürsinn war erwacht.
Ich sah sie herkommen mit einer schweren Tragtasche. Sie ließ sich auf einen Stuhl fallen und blies die Haare aus der Stirn.
   «Nun hab ich genügend Material», sagte sie zufrieden. «Damit kommen wir ihr auf die Spur, du wirst sehen.» Sie bestellte sich auch Kaffee, lehnte sich zurück und sagte: «Nun laß hören, was du noch hast!»
   «Der Arbeitsraum», sagte ich, «Annettes Arbeitsraum im Turm hätte mir auch gefallen, ein halbrunder großer Raum mit drei Fenstern nach verschiedenen Richtungen. Ich trat an eines. Schön ist das, immer den See vor Augen haben, den See mit seinen wechselnden Stimmungen. Einen herrlichen eisernen Ofen gab es da, er sah aus wie ein Türmchen und stand auf Tierfüßen, und – das war mir das letzte Mal gar nicht aufgefallen – ein schwarzes Ledersofa. Auf dem Schreibtisch stand ein Tintenfaß, und ich stellte mir vor, Annettes dichtbeschriebene Seiten lägen dabei mit ihrer winzigen Hieroglyphenschrift, und sogar auf alte Briefcouverts hatte sie gekritzelt – so viele Gedanken, Gefühle in Worte und Sätze gefaßt und eingeschlossen. Eine grüne Petroleumlampe stand auf dem Tisch. Ich konnte fast den Geruch nach Petroleum

und Tinte riechen, und am Abend würde zum geöffneten Fenster herein der Flieder duften. Und sie, Annette, hat geschrieben, immer nur geschrieben.»

Anna sagte: «Sie hat nie geheiratet, warum eigentlich nicht? Gab es da eine Enttäuschung, eine unglückliche Liebe?»

Ich nickte. «In Bökendorf, auf dem Gut der Großeltern. Da hat sie einen Sommer verbracht.»

«Und der unsympathische Onkel August war auch da?»

«Der und noch andere Verwandte, ihre Cousine Anna und die Vettern und dann auch deren Freunde als Gäste.»

«Aha.» Anna lächelte. «Erzähl mir davon!»

«Es war eine heitere Gesellschaft», begann ich, «lauter junge Leute beisammen, und es gab Gartenparties und Ausflüge und natürlich immer wieder ein Flirt und all das, was auch heute sich abspielt: die kleinen Eifersüchteleien und die große Rivalität und die langen Gespräche und das Singen zur Gitarre und das Lachen miteinander und auch die kleinen Gemeinheiten gegeneinander. Und Annette stand im Mittelpunkt. Die einen bewunderten sie, aber der Neid der anderen war unübersehbar. Hinter ihrem Rücken wurde sie schlecht gemacht oder gelobt, und alle ergriffen sie Partei, jedoch meist gegen sie.

Hör, was einer der damaligen Besucher über sie schrieb. Er hatte vorher über sie gehört, sie sei ‹überaus gescheut, talentvoll, voll hoher Eigenschaften und dabei doch gutmütig; ...eigensinnig und gebieterisch, fast männlich, hat mehr Verstand wie Gemüt, ist durchbohrend witzig ... Demnach hatte ich schon eine Art Widerwillen gegen sie gefaßt... Aber wie hat sich das alles geändert!... Den

Abend, wie ich ankomme, sehe ich im Vorbeigehen eine sehr feine kleine Figur, sehr stark blond, ein hübsches Gesicht, ein Paar bedeutende blaugraue Augen. Ich denke, eins von den vielen hier seyenden Kammerkätzchen, und nehme nicht weiter Notiz von ihr. Nachdem ich schon ein paar Stunden bei Fr.v.Haxthausen erzählt habe von Köln, erscheint das kleine Figürchen als ein Fräulein Nichte. Noch immer nehme ich nun absichtlich wenig Notiz. Der Abend kommt, der alte Herr nimmt mich ganz in Beschlag und erzählt nur 50jährige Anecdoten. Nach Tisch entfernt er sich und die Mädchen setzen sich ins Sofa. Eine neue Conversation beginnt. Ich fahre fort, gegen Minette ganz hoffärtig zu sein. Das scheint ihre Aufmerksamkeit zu erregen, und als ich sogar endlich etwas, was sie sagte, zu persiffliren begann, sagte sie sehr ruhig: 'Lieber Herr, Sie scheinen etwas gegen mich zu haben; bitte, sagen Sie mir doch, was halten Sie denn eigentlich von mir?' – Es war schon viel gesprochen, und es schien mir wirklich, als habe sich schon so etwas Gebieterisches, Unweibliches bei ihr ausgesprochen... Diese Aufforderung kam mir erwünscht, und ohne Schonung antwortete ich ihr: 'daß es mir schiene, als sei Ihr Geist unweiblich'. Sie sah mich recht durchdringend an, in ihrem Blicke war etwas Trauriges, Schmerzhaftes. Sie sagte sehr sanft: 'Ich verzeihe Ihnen Ihr keckes, hartes Urteil, Sie kennen mich nicht.' Dann fragte sie späterhin, als wir grade allein waren: 'die Hand aufs Herz, kamen Sie nicht mit einem Vorurteil gegen mich hieher?' Ich leugnete das aus sehr begreiflichen Gründen. Sie blieb nun sehr sanft, obwohl recht lebhaft. Des anderen Morgens nach dem Frühstück schlug sie einen Spaziergang vor, flüchtig hinzufügend: 'meine Tanten sind sehr be-

schäftigt, wir werden allein gehen'... Es entstand nun ein Gespräch, eins der interessantesten meines Lebens. Ich übergehe, was sie mir über ihre Kindheit, der sie kaum entwachsen, ihre Verwandten-Verhältnisse usw. sagte, eine solche scharfe Klarheit des Verstandes, so unbefangen und tief ist mir selten vorgekommen, und das neben einer so zarten, rührenden Unschuld und Gemüthstiefe... das Ganze gehalten von bedeutender Geisteskultur und Bildung. Sehr schmerzhaft aber ist der Punkt mit dem Onkel..., mit dem sie in einer vollkommenen Antipathie ist. 'Ich will ihn so gern lieben', sagte sie, 'aber er beleidigt, er kränkt mich bey jeder Gelegenheit auf das schonungsloseste, er fühlt das selbst und giebt sich oft die sichtbarste Mühe, gütig gegen mich zu seyn, und doch verläßt ihn bei jedem neuen Anlaß aller Tact'.
Abends setzte sie sich ans Klavier. Ihr Spiel ist fertig, etwas heftig und überschnell, zuweilen etwas verworren. Ihre Stimme ist voll, aber oft zu stark und grell, geht aber sehr tief und ist dann am angenehmsten... Abends nach Tisch bis gegen Mitternacht noch sehr lebhaftes Gespräch mit M. Des andern Morgens -- gestern – ...gegen Neun Uhr fort. Ich zögerte, um Minette noch zu sehen, aber vergebens, sie erschien nicht mehr... Das Wetter war düster, und auch ich war es, und stark beschäftigt mit der Zauberjungfrau, die – ich gestehe es – einen tiefen, vielleicht nie verlöschenden Eindruck auf mich hinterlassen hat.>*
Siehst du, Anna, das gibt ein deutliches Bild von ihr.»

«Blieb dies eine einmalige Begegnung?» fragte Anna. Ich nickte. «Schade», sagte sie, «der wäre vielleicht der Richtige für sie gewesen.»

«Ach nein, das glaube ich nicht. Siehst du, er war

bürgerlich, ein Kaufmann, ein Händler. Kannst du dir Annette als Kaufmannsgattin vorstellen? Ich nicht. Nein, ich glaube, sie als Dichterin hätte nur zu einem Dichter gepaßt. So einer wie Heinrich Straube hätte es sein müssen. Und fast wäre es so geworden. Da begegnen sich zwei und passen zusammen wie zwei Hälften, und dann gehen die Lebensbahnen doch aneinander vorüber, auf Grund eines Mißverständnisses oder einer Intrige oder einfach, weil da eine Hürde gewesen ist, die zu hoch war.»

Anna nickte versonnen. «Ich weiß schon, was du meinst. Erzähl mir davon.»

«Etwas genaues weiß man da nicht», wich ich aus.

Anna lachte. «Jetzt, Uli, darfst du fabulieren. Komm schon.»

Erste Liebe

«Das zarte Efeureis,
so Liebe pflanzte dort,
sechs Schritte – und ich weiß,
ich weiß dann, daß es fort.»
Annette von Droste-Hülshoff,
«Die Taxuswand»

Bökendorf, dieser Sommer 1820, Stunden auf der grünen Gartenbank mit Heinrich, die Taxushecke stand wie eine Wand hinter uns, und wir redeten und redeten, zwei Dichter, zwei Unverstandene, zwei Schwierige, die sich gefunden haben.
Ihm hab ich auch erzählt von dem Gesicht in der Nacht, gefürchtet und doch vertraut.
«Wessen Gesicht, Annette?» fragte er sanft.
«Deines vielleicht, Heinrich, deines, so wie ich dich sehe, dein Spiegelgesicht, Spiegel deiner Seele.»
Und wir küßten uns.
«Er ist häßlich», sagte Onkel August, «mit seinem verschobenen Gesicht – aber ein begabter Patron, das muß man ihm lassen – leider von bürgerlicher Herkunft.»
«Er hat schöne Augen», sagte ich. Onkel August lachte mich aus.
«Stundenlang reden, Nette, immer nur reden, das könnt ihr, und worüber?»
«Über meine Arbeit», sagte ich.
Onkel August tippte sich an die Stirn. «Deine Schreibereien und was du dabei Arbeit nennst, ich nenne das lächerlich.»
«Deine Schreibereien sind sicher harte Arbeit», sagte

ich scharf, «leider ist das Ergebnis oftmals nicht dieser Mühe wert.»

Damit hatte ich ihn tief getroffen, denn jeder wußte, wie erfolglos sich der phantasielose August seinen literarischen Ambitionen hingab.

«Zieh deine Krallen ein, Katze», sagte er, und Haß sprach aus seinem Gesicht.

Damals war der Plan schon bereit für die Intrige, mit der sie mich fertigmachen wollten, ja, sie hatten das Horn schon geblasen zur Jagd auf mich. August von Arnswaldt, Heinrichs Freund, war der erwählte Jäger, und ich lief ihm direkt vor die Flinte. Er war hübsch, und seine Augen und sein Lächeln suchten mich, er mußte nur die Hand ausstrecken, da kam ich, wie gezogen von einer unbekannten Kraft. Wenn er mich nur berührte, fuhr ich zusammen. Und er redete mit Wärme und Freimütigkeit und meinte es doch nicht gut mit mir, er verwirrte mich und trieb mich an und lockte mir ein halbes Liebesgeständnis heraus, und in seinem Kuß lag der Triumph über meinen besiegten Hochmut. Nein, er hat es nie gutgemeint mit mir; er hat mich behandelt wie eine Hülse, die man nur auf alle Art drücken und brechen darf, um zum Kern zu gelangen.*

In der Nacht erschien mir wieder das Gesicht, es trat aus dem Dunkel hervor und sah mich an. Heinrichs Gesicht. Ich wachte auf, und eine helle Klarheit kam über mich.

«Es war eine Täuschung», sagte ich am Morgen zu Arnswaldt, «es ist Heinrich, den ich liebe.»

Er tat, als glaube er mir nicht. Aber ich war durch dies Gefühl und Bekenntnis sehr erleichtert und wartete mit Sehnsucht auf Heinrich.

Er kam nicht mehr. Arnswaldt hatte ihm alles entdeckt,

den Freund vor mir gerettet – so drückte er es aus. Gemeinsam hatten sie mir einen Abschiedsbrief geschrieben. Die Verwandten lächelten vor sich hin, spöttisch, voll Genugtuung. Nur Großmama küßte mich mit Tränen in den Augen und sagte: «Gott schütze dich, Kind.»

Ich reiste heim nach Hülshoff in die stille Wasserburg und vergrub mich und sank und sank in eine Tiefe der Verlassenheit, die keiner wußte.

Mein Onkel August von Haxthausen, meine Freundin Anna von Haxthausen und August von Arnswaldt, sie hatten mir gezeigt, was ich war: eine Schuldige, eine Verworfene.

Ja, Onkel August, du hast mich als Kind das Reiten gelehrt, hast eigens für mich ein gutmütiges Pferd ausgesucht, und Anna, die du Arm in Arm mit mir auf den Treppenstufen gesessen hast und der ich soviel anvertraut habe, und meine Vettern und Cousinen, die wir abends gesungen und soviel Spaß miteinander gehabt haben, und nun saßen sie alle zu Gericht über mich, die tadellosen:

Nette ist hochmütig, Nette ist leichtfertig, Nette ist verworfen.

Und hab ich nicht alles tausendmal verdient?

Ja, ich war schuldig. Und sank tiefer in Ausweglosigkeit. Mein Gedicht «Not» spricht davon.

> Was redet ihr soviel von Angst und Not
> in eurem tadellosen Treiben?
> Ihr frommen Leute, schlagt die Sorge tot,
> sie will ja doch nicht bei euch bleiben!

Doch wo die Not, um die das Mitleid weint,
nur wie der Tropfen an des Trinkers Hand,
indes die dunkle Flut, die keiner meint,
verborgen steht bis an der Seele Rand –

ihr frommen Leute wollt die Sorge kennen,
und habt doch nie die Schuld gesehn!
Doch sie, sie dürfen schon das Leben nennen
und seine grauenvollen Höhn!

Hinauf schallt's wie Gesang und Loben,
und um die Blumen spielt ein Strahl,
die Menschen wohnen still im Tal,
die dunklen Geier horsten droben.

Tag und Nacht dachte ich an Heinrich, und ich hatte ihn
so lieb, daß ich keinen Namen dafür hatte, er stand mir so
mild und traurig vor Augen, daß ich oft die ganze Nacht
weinte und ihm immer in Gedanken vielerlei erklärte,
was ihm jetzt fürchterlich dunkel sein mußte.*
Als ich da von Bökendorf zurückkam, mit meiner unglücklichen Liebe und meinem verletzten Stolz und
meinen gebrochenen Flügeln, da war Mama sehr gütig zu
mir, und Jenny tat mir alles Liebe, was sie sich bloß
denken konnte. Keine Vorwürfe, o nein, und ihr Mitleid
lag wie eine Last auf mir.
Heinrich. Seltsam, wie fremd mir jetzt der Name geworden ist, wie fern.
Und doch hab ich damals gelitten um ihn, es tat mir
rasend weh, und ich fühlte mich schuldig und verworfen
von Gott und Menschen.
Jeden Abend saß ich vor meiner Kerze in meinem stillen

64

Zimmer auf Schloß Hülshoff. Ich hatte das Fenster geöffnet, das ruhige Wasser des Schloßteiches glänzte matt in der Dunkelheit, unten im Hof die Hunde rasselten zuweilen leise mit ihren Ketten. Und ich schrieb, schrieb, was aus meinem gequälten Gemüt floß: Gebete, Klagen, Anklagen – meine geistlichen Lieder, o wie zahm klingt das, Lieder! Es waren ja keine Lieder, man hätte sie nicht singen können, es waren die Dissonanzen meiner Seele.

Anna stellte laut ihre Kaffeetasse ab. «Nein!» sagte sie entschieden.

«Wieso nicht, Anna?»

«Dafür habe ich kein Verständnis», meinte sie. «Schuld! Anklagen! Was hatte sie denn verbrochen, meine Güte! Sich verirrt in einer Neigung wider Willen zu einem jungen Mann, der ihr den Kopf verdreht hat und den anderen, den sie wirklich gern gehabt hat, ein bißchen hingehalten, was ist denn schon dabei! Schuld waren die neidischen, kleinlichen Verwandten, der selbstgerechte Klüngel dieser Wichtigtuer! Sie konnte nichts dafür.»

Ich zögerte, dann sagte ich langsam: «Sich selbst die Schuld geben an allem, sich völlig verloren und einsam vorkommen, unverstanden, vor Angst nicht mehr aus und ein wissen... Anna, ich kenn das von mir. Es sind unentrinnbare Gedankenkreise, Unglücksspiralen, ein Eingemauertsein ohne Licht...»

«Depressionen», sagte Anna kurz. «Oder milde ausgedrückt: ein melancholisches Lebensgefühl. Bei ihr scheint mir diese Ausprägung schon ins Krankhafte zu gehen.»

«Bei mir vielleicht auch», bemerkte ich bitter.

Anna faßte meine Hand und strich leicht darüber. «Uli, was ist denn, kannst du mir's sagen?»

Ich sah ihr teilnahmsvolles Gesicht, hörte den warmen Ton in ihrer Stimme, und plötzlich sagte ich: «Wenn du wüßtest, wie öde und grau mein Leben oft ist. Ich stehe auf und weiß nicht wozu, ich arbeite und richte doch nichts aus, ich bin allein unter vielen Menschen, ich weiß nicht, wem daran liegen könnte, daß ich lebe...»

«Das wußte ich nicht», murmelte sie.

«Ach Anna, wenn du nicht gekommen wärst, ich hätte die ganzen Ferien zuhause gesessen, wie lebendig begraben.

Wenn du wüßtest, wie sehr du mich gerettet hast, du mit deinem Elan und deinem Unternehmungsgeist!»

Ich suchte ein Taschentuch.

«Weißt du was, Uli», sagte Anna laut, «ich war in so einer verzweifelten Stimmung, ich hab mir überlegt, zu wem kann ich gehen, wer nimmt mich jetzt, wer würde einfach mit mir wegfahren... Und da wußte ich, daß das nur du sein konntest. Ich hab dringend eine Freundin gebraucht, dich gebraucht, Ulrike.

In der nächsten Zeit wird sich etwas für mich entscheiden, Uli, etwas sehr Wichtiges.

Sicher, ich habe auch vieles falsch gemacht, aber das belastet mich nicht so sehr. Wir reagieren doch auch auf das, was andere tun, wir sind nicht so frei, wie wir denken.»

Wir schwiegen miteinander. Mir war so leicht geworden, so wohl. Ich hatte nicht das Gefühl, daß wir aus Verlegenheit oder Ratlosigkeit schwiegen, es war einfach das Angebrachte, das Naheliegende.

Anna sagte schließlich: «Willst du auch noch einen Kaffee, Uli?» Und ich nickte.

Die milde Sonne schien uns auf den Rücken. Wir saßen

und schauten den Tauben auf dem Platz zu.

«Annette hat wirklich ein ganzes Buch geistlicher Lieder geschrieben», sagte Anna, «ich hab in der Bibliothek einige gelesen. Es sind sehr persönliche Sachen darunter.

Übrigens hat sie den ersten Teil ihrer Mutter gewidmet. Soll ich dir davon erzählen?»

Ich zündete mir eine Zigarette an, lehnte mich zurück und ließ mich mitnehmen von Annas ruhiger Stimme.

Dunkler Ton, heller Klang

«Ich habe diesen Winter ein ganzes Buch
geistlicher Lieder geschrieben... Du hast
recht, sie sind für mich selber gemacht, und
du wirst nicht denken, für wen noch mehr?
– für meine Mutter...»

Annette von Droste-Hülshoff an
Anna von Haxthausen im März 1821

«Mutter», rief Annette, «bleib hier, ich hörte deine
Schritte.»

«Bist du wach geworden, Nette, hab ich dich geweckt.»
Die Mutter sah besorgt zu Annettes Lehnstuhl.

«Komm zu mir, Mama. Ich habe heute wieder einen
Tag, wo jeder Laut mir gellend in die Ohren geht. Es ist
nicht deine Schuld. Setz dich zu mir, ich will dich etwas
fragen.»
Die Mutter rückte einen Stuhl neben ihre Tochter. «Frag
nur, mein Herz.»

«Die Lieder, die ich dir gab, Mama, meine geistlichen
Lieder, es ist nun schon so viele Jahre her – damals war
ich sehr jung und sehr unglücklich... Du hast sie gelesen,
ich sah dich im Stuhl sitzen, und du lasest mit viel innerer
Anteilnahme, ich sah Tränen in deinen Augen. Dann
standest du auf und stelltest das Buch in einen Schrank.
Du hast nichts gesagt, nie hast du etwas dazu gesagt.»
Die Mutter nickte. Sie nahm Annettes Hand und seufzte:
«Ich konnte nichts dazu sagen. Ich las deine tiefe Not aus
deinen Liedern, aber damals wußte ich nicht, was ich
dazu sagen könnte. Ich wollte stark bleiben, Nette, auch
für dich, und siehst du, diese Lieder waren wie Schreie...»

Annette sah ihre Mutter fest an. «Warum hast du auf mein Rufen nicht geantwortet», fragte sie unerbittlich, «warum nicht, Mutter?»

Therese von Droste-Hülshoff blieb eine Weile stumm. Schließlich sagte sie langsam: «Ich fürchtete, daß darüber reden dich noch tiefer in schwere Gedanken und Angst treiben könnte. Ich hoffte auf das heilende Vorübergehen von allem Leid und auf die Kraft der Tröstung durch kleine alltägliche Dinge.»

«Ja», Annette nickte, «du hast mir Bücher gebracht und Süßigkeiten, du hast Hausmusiken veranstaltet und Ausflüge, aber du hast mir keine Antwort gegeben.»

Die Mutter stand auf und ging unruhig auf und ab. Sie sah die junge Tochter vor sich, ihr scheues Lächeln und ihren bittenden Blick, als sie ihr damals das verschnürte Päckchen überreicht hatte. Es war meine Hoffnung gewesen, daß ihr Verletztsein, ihr Schmerz auch bald verschnürt wie ein Päckchen sein würde, daß sie es ablegen könnte, endlich vergessen könnte. Ich nahm es und sagte: 'Danke, liebes Kind, ich werde es später in Ruhe lesen'. 'Ich habe eine Widmung geschrieben', sagte Annette leise, 'für dich, Mama.' Sie hielt mir das Blatt hin, und ich nahm es und las es, und die Worte schnitten mir ins Herz, und heute noch weiß ich manches von dem auswendig, was sie geschrieben hat.

«Hör zu», sagte die alte Freifrau mit plötzlichem Entschluß. «Du schriebst mir damals:

<So ist dies Buch in deiner Hand! Für die Großmutter ist und bleibt es völlig unbrauchbar, sowie für alle sehr frommen Menschen; denn ich habe ihm die Spuren eines vielfach gepreßten Gemütes mitgeben müssen, und ein kindlich in Einfalt frommes würde es nicht einmal verste-

hen... So habe ich geschrieben immer im äußersten Gefühl der Schwäche und oft wie des Unrechts... Es ist für die geheime, aber gewiß sehr verbreitete Sekte jener, bei denen die Liebe größer wie der Glaube, für jene unglücklichen aber törichten Menschen, die in einer Stunde mehr fragen, als sieben Weise in Jahren beantworten können.>*

»Das weißt du noch, Mama«, Annette lächelte, »aber ich nahm es nach einiger Zeit aus deinem Schrank wieder an mich. Du hast es nicht vermißt.«

Die Mutter trat zum Fenster und sah hinaus. »Ach Annette, ich dachte, das Schreiben hätte dich erleichtert, du seist mit deinem Gott ins reine gekommen. Denn, mein liebes Kind, diese Ergüsse eines gemarterten Herzens waren ja an ihn gerichtet. Und ich traute seiner Gnade, dir Erleichterung zu schaffen und neue Lebenskraft. Und in der folgenden Zeit, da warst du auch viel ruhiger und gefaßter als vorher.«

Annette schwieg lange, dann sagte sie leise: «Aber Gott hat mir auch nicht geantwortet, Mutter.»

Die Freiin von Droste-Hülshoff setzte sich auf ihren Stuhl und sah vor sich hin. Sie hielt die Hände ineinandergepreßt. «Annette», sagte sie gequält, «das kann doch nicht sein. Wie oft sah ich dich in stiller Andacht im Gottesdienst knien. Wie oft sah ich dich in deinem Gebetsbuch lesen...»

«Ich hab's versucht, Mama, immer wieder. Aber jedes Mal, wenn ich meinte, eine Antwort zu empfinden, dann entschwand mir nach kurzer Zeit wieder jegliche Gewißheit. Ich hatte zu wenig Glauben, verstehst du, viel zu wenig.»

Ein langes Schweigen folgte ihren Worten.

70

Durch die offene Tür hörte man das Lachen und Rufen der Zwillinge und Jennys ruhige Stimme.

Annette richtete sich auf und holte ein Blatt aus der Schublade ihrer Kommode. «Willst du das lesen? Ich hab es neulich geschrieben.»

Die Mutter nahm es aus ihrer Hand und las laut und mit fester Stimme:

Pfingstmontag

Evangelium: «Also hat Gott die Welt geliebt, daß er ihr seinen eingeborenen Sohn gesandt hat, damit keiner, der an ihn glaubt, verloren gehe. – Wer aber nicht glaubt, der ist schon gerichtet.» (Johannes 3, 16-31)

Ist es der Glaube nur, dem du verheißt,
dann bin ich tot.
O Glaube, der wie Lebensodem kreist,
er tut mir not;
ich hab ihn nicht.
Ach nimmst du statt des Glaubens nicht die Liebe
und des Verlangens tränenschweren Zoll,
so weiß ich nicht, wie mir noch Hoffnung bliebe.
Gebrochen ist der Stab, das Maß ist voll
mir zum Gericht.
Mein Heiland, der du liebst, wie niemand liebt,
fühlst du denn kein
Erbarmen, wenn so krank und tiefbetrübt
dein Ebenbild
in seiner Angst vergehend kniet und flehet?
Ist denn der Glaube nur dein Gotteshauch?
Hast du nicht tief in unsre Brust gesäet
mit deinem eignen Blut die Liebe auch?
O sei doch mild!

Die Mutter ließ das Blatt sinken. Ihre Stimme hatte einen beschwörenden Klang: «Glaube, Hoffnung, Liebe, Annette, hörst du, Liebe. Die Liebe ist die größte unter ihnen. Das gilt besonders für dich auch, meinst du nicht?» Annette schloß die Augen. «Ja, Mama, das hoffe ich. Jetzt geht es mir auch viel besser darin. Aber lange Zeit, sehr lange Zeit hatte ich große Not. Es gab dunkle Tage, weißt du, und die Angst lag mir schwer auf dem Herzen, sie schnürte mir alle Sinne. Kennst du das, Mama, du gehst durch die Räume, ruhelos, und in dir ist das Grauen, und es ist hinter allem, und du stemmst dich gegen die Panik – während die anderen nichts ahnen von der Doppelbödigkeit aller Dinge, vom Hereinbrechen des Verhängnisses; sie atmen nicht den Hauch des Todes. Aber in dir steigt die Flut. Kennst du das?»

Die Mutter sah sie nur an.

«Kennst du das nicht?»

«Nein, Tochter, ich kenne das nicht, nicht von mir. Aber ich erlebte diese Last bei deinem Vater. Doch er hatte seine Weise, sich zu helfen. Er ging zu seinen Vögeln und zu seinen Pflanzen und zu seinen Naturaufzeichnungen. Den Geist auf die überschaubaren kleinen Dinge lenken, das tut not. Er zog sich zurück, und ich hielt ihm den Rücken frei. Doch du hattest nur dein Schreiben, und das hilft nicht gegen diese Schwere, nicht wahr?» Annette richtete sich in ihrem Stuhl auf. «Nein, es hilft nicht sehr. Reichst du mir den Obstteller? Danke. Ich hätte dir eigentlich schon früher davon erzählen sollen.» Die Mutter lächelte. «Aber Kind, ich hab das doch gewußt, die ganze Zeit über hab ich es gewußt. Und helfen konnte ich dir nicht.»

«Doch, Mutter, du warst da. Das war so viel. Du warst

72

immer da. Ich danke dir.»

Die Mutter ging zum Fenster und schaute über den See. Spiegelglatt lag er heute in mildem Spätsommerlicht.

«Manchmal, Annette», sagte sie mit verhaltenem Schmerz, «war ich zu sehr da, nicht wahr, zu bedrängend für dich, drückend wie ein enges Korsett, so war meine Gegenwart auch für dich. Aber die Form, Anna Elisabeth, der Rahmen, der hält uns in der Unruhe und in der Angst und hält uns das Chaos fern.»

Annette verschränkte die Arme hinter ihrem Kopf. Ihre langen Ärmel fielen zurück, und die weiße Hinfälligkeit ihrer Arme und Hände erschreckte die Mutter.

«Das Chaos», sagte Annette, «ist beides: zerstörerisch und anziehend. Und es hat mich gelockt mit dunklem Klang, so wie mich die beherrschte Ordnung gelockt hat mit ganz hellem Ton. Und du, Mama, hast diesen hellen Ton in meinem Leben gebildet. Aber jetzt, erst in diesen Tagen, zeigst du mir etwas von der weicheren Therese, die mir immer fremd war.»

Die Mutter faßte ihre Hand. «Nicht fremd, Nette, ganz nahe, in dir selbst...»

Ein kühler Wind war aufgekommen.

«Laß uns gehen», sagte Anna sanft. Sie winkte der Bedienung und bezahlte für uns.

«Mir ist viel leichter jetzt», sagte ich, während wir langsam zum Hotel zurückgingen.

Anna sagte nachdenklich: «Du mußt mehr unter Menschen gehen, Ulrike.»

Als wir unsere Zimmerschlüssel holten, fragte Anna beiläufig: «Ist keine Post für mich da? Nein? Danke.»

Ich sah ihr enttäuschtes Gesicht, und ein Anflug von Neid

überkam mich. Ich habe niemand, der mir schreiben würde, nur meiner Wohnungsnachbarin habe ich kurz die Hotelanschrift telefoniert, im Fall, daß mit der Wohnung etwas wäre.

«Kommst du noch mit herein, Uli», fragte Anna, «daß wir unser literarisches Gespräch für heute abschließen können?»
Ich nickte. Sie sah mir aufmerksam ins Gesicht. «Oder sollen wir lieber ins Kino?» fragte sie munter.

«Lieber ein andermal», wehrte ich ab. Ins Kino kann ich auch alleine, dachte ich.

«Du hast nie geheiratet, Anna, warum eigentlich nicht?»
Wir saßen in ihrem Zimmer, hatten unsere Stühle ans Fenster gerückt und sahen in die fallende Dämmerung hinaus.

«Es hat sich einfach nie ergeben», sagte sie, «weißt du, immer war da etwas, was nicht paßte. Nach kürzerer oder längerer Zeit stellte sich immer heraus, daß da nicht genug war für ein ganzes Leben.» Sie stand auf und ging hinüber zur Minibar. «Sekt oder Bier?»
Ich wandte mich um. «Bier lieber, das ist besser zum Schlafen.»
Anna nahm zwei Flaschen heraus. «Willst du ein Glas?»
Ich schüttelte den Kopf. So saßen wir eine Weile schweigend am Fenster und tranken Bier aus unseren Flaschen.

«Und deine Ehe ist auch auseinandergegangen?» fragte Anna vorsichtig.

«Vor vier Jahren», sagte ich, meine Stimme war heiser, «vor vier Jahren starb mein Mann bei einem Autounfall.»
Anna sah mich erschrocken an. «Das wußte ich nicht, du hast damals nur geschrieben: ich bin jetzt wieder allein,

und da dachte ich...»

«Du warst damals im Ausland, Anna, hast Karriere gemacht, warst weit weg und hast andere Freunde gehabt. Was hätte ich dir damals den Kopf volljammern sollen, es hätte dich nicht interessiert», sagte ich hart.

«Das stimmt nicht, Uli», sagte Anna leise. Wir schwiegen eine Weile.

Dann sagte ich, eigentlich gegen meinen Willen: «Ich hab seinen Tod vorausgewußt. Es war nicht nur eine Ahnung, Anna, es war ein Wissen, eine schlimme Gewißheit. Aber laß uns nun bitte von etwas anderem reden.»

Sie nickte. «Reden wir von Annette.»

«Hast du im Fürstenhäusle auch ein Bild von dem Vater gesehen?» fragte ich.

«Der Vater war auch da, Uli, auch ihn hab ich begrüßt. Er sah über mich hinweg mit traumverlorenem Blick. Stell dir ein weiches Gesicht vor, eine sehr hohe, freie Stirn, helle Augen wie Annette, eine Adlernase und darunter Mund und Kinn eines Kindes.* Schwache Züge, möchte ich sagen, und irgendwie etwas Haltloses darin.»

«Aber Anna, das kannst du doch nicht wissen!»

«Er hatte auf dem Bild aber so eine Ausstrahlung», beharrte sie, «vielleicht hat der Maler es auch gespürt. Und noch etwas, Uli, noch etwas hatte er an sich, etwas Abgründiges, so als ob er sähe, was die anderen nicht sehen, dieser Clemens August von Droste-Hülshoff.»

«Annette hat ihn sehr geliebt», überlegte ich. «Aber er starb früh. Annette wurde krank nach seinem Tod. Sie bekam Fieber und konnte nachts nicht schlafen, und sie hatte 'nervöse Gesichtsschmerzen', was immer das heissen soll. Vor ihrem Tod, schrieb Jenny in einem Familienbrief, habe sie noch oft von ihm geredet. Denk dir, so viele Jahre später.»

Anna beugte sich interessiert vor. «Das Vater-Tochter-Verhältnis ist immer wichtig für die Partnerwahl», dozierte sie, «wenn Annette so an ihrem Vater hing, dann war ihr vielleicht aus diesem Grund kein Mann gut genug für sich, im Vergleich meine ich.»

Ich schüttelte den Kopf. «Nein, da war etwas ganz anderes. Ich denke, da gab es eine Erinnerung, die sie nicht losließ.»

Vorahnung

Kennst du die Blassen im Heideland,
mit blonden flächsernen Haaren?
mit Augen so klar wie an Weihers Rand
die Blitze der Welle fahren?
O, sprich ein Gebet, inbrünstig, echt,
für die Seher der Nacht,
das gequälte Geschlecht.

Annette von Droste-Hülshoff
«Vorgeschichte (second sight)»

Als Jenny zur Tür hereintrat, sah sie erschrocken, daß
Annette schwer atmend, mit geweiteten Augen im Bett
saß, die zitternde Hand an der Kehle.

«Liebes, was ist dir?» Jenny eilte zum Bett und schloß
sie ungeschickt in die Arme.

Annette deutete zum Vorhang. «Siehst du nicht, daß er da
steht?»

«Wer denn, Annette?»

«Papa», flüsterte sie, «sieh doch!»

Jenny schüttelte ihr Kissen auf. «Bestimmt nicht. Du hast
geträumt. Siehst du, der Vorhang wirft Falten, und der
Abendschatten schafft daraus eigene Gestalten.»

Sie ging mit festen Schritten zum Fenster und zog den
Vorhang zurück. Ein sanftes Abendlicht fiel herein, ließ
die Bettdecke warm aufleuchten und zauberte goldenen
Schimmer auf Annettes mattblondes Haar, das um die
Stirn herum schon ins Graue übergegangen war.

«Er war aber da», beharrte die Kranke.

«Papa ist doch schon so lange tot, Liebes.»

«Kann er dann nicht dagewesen sein, Jenny? Ich hab

ihn schon etliche Male gesehen, immer stand er nur da und sah mich an, als wolle er mir etwas sagen. Aber mein Schrecken raubte ihm auch dieses Mal die Worte. Das tut mir leid.»

«Willst du etwas trinken?»

«Ja, gib mir etwas kaltes Wasser. Mir ist so heiß. Weißt du, daß Papa seinen Tod vorausgewußt hat, mindestens gewußt, wenn nicht mehr?»

Jenny goß Wasser in den Becher auf dem Nachttisch. Ihre Hand war ruhig. «Was meinst du damit?»

«Vielleicht hat er seinen Tod gewollt, vielleicht hat er ihn sogar herbeigeführt. Er hatte sich von mir verabschiedet, am Abend bevor er starb. 'Mein Mädchen', hat er gesagt, 'es kann sein, daß wir uns lange nicht sehen, so wie wenn man einen langen Traum hat, in dem vieles geschieht. Aber am Ende ist der Traum vorbei. Das Leben, Tochter, ist wie ein Traum, meinst du nicht?' 'Vielleicht', sagte ich, alle anderen Worte waren mir abhanden gekommen, die Angst hatte mir die Sprache genommen. Ich goß ihm Wasser ein, wie du jetzt mir, und er lächelte und sagte: 'Dank für den frischen Trunk, und nun geh, die Mutter hat gerufen.' Ich wußte, daß Mama gar nicht da war, aber ich drehte mich um...ja, Jenny, ich bin aus dem Zimmer geflohen, stand dann lange am Geländer, ich lauschte und lauschte, und die Angst nahm mir den Atem. An der fahlen Wand sah ich mein Schattenbild. Da hörte ich, wie von innen der schwere Schlüssel im Schloß gedreht wurde. Was immer in Papas Zimmer geschehen mochte, ich wäre davon ausgeschlossen. Ich war erleichtert, Jenny, und schuldig, denn, siehst du, ich hätte etwas abwenden müssen und hab's nicht getan. Am andern Morgen fragte ich unsere Alte: 'Was macht der

Herr, geht es ihm gut?' 'Er schläft', versetzte die Alte abgewandt. Da verschwamm mir die Welt in tiefem Grau.»

Jenny legte ihre kühle Hand auf Annettes Stirn. «Trink etwas, Liebe», sagte sie begütigend, «unser Vater starb an einem plötzlichen Herzanfall in der Nacht. So hat Gott es gewollt, seine Stunde war ihm bestimmt. Wir sind alle in Gottes Hand.»

Es war ganz dunkel geworden. Anna knipste die Stehlampe an. Aber ich stand auf und sagte: «Gute Nacht, Anna. Es war ein langer Tag.»

Anna reichte mir die Hand. «Ein interessanter, voller Tag. Schlaf gut, Uli.»

In meinem Zimmer schlug ich sofort mein Buch an einer bestimmten Stelle auf und las langsam, was ich Anna vorher unterschlagen hatte. Dieser Bekannte, der so beeindruckt war von Annette, hatte noch geschrieben:

«Sie erzählte nun Belege. Schon oft hatte ich von diesem seltsamen Mädchen früher gehört, wie sehr sie ... alle die Erscheinungen habe, die in das Gebiet des 'Klarsehens' gehörten. Sie fing selbst davon an, und nachdem sie mir ...Verschwiegenheit abgefordert, erzählte sie mir Dinge, die mich fast mit Schauder erfüllten. Ich unterdrücke hier die reichen Details und will nur das Entsetzlichste von Allen erwähnen: ihr erscheint sehr häufig im Traum ein Gesicht, nicht widrig, aber stets das nämliche, sie mit Grauen erfüllend. Es ... sagt ihr Dinge vorher, die stets eingetroffen, ja beurkundet sich auf die unaussprechlichste Weise durch kleine Gaben der sonderbarsten Art. Anfangs hat sie sich verleiten lassen, Versuche zu machen, die auf überraschende Weise gelingen. Endlich aber hat sie sich zu Gott gewandt, und lange schon ist der dunkle Geist gewichen, der nun nur noch zuweilen anpocht...»*

Und meine Gedanken gingen zurück. Es war in der Nacht vor dem Unfall, da wachte ich plötzlich auf. Jemand hatte meinen Namen gerufen. Ich setzte mich auf und sah eine Gestalt an der Tür stehen. Merkwürdig, ich hatte keine Angst. Eine ungewohnte Wachheit hatte sofort Besitz ergriffen von mir, die leisesten Geräusche tönten mir stark und überdeutlich in den Ohren, ich hörte meinen Herzschlag und das Pochen in den Schläfen, ja, ich spürte es nicht nur, ich hörte es. Die Atemzüge meines Mannes waren ebenso laut wie sonst seine Stimme. Kilometer dreiundvierzig, sagte jemand, und da wußte ich schon alles, in einem Augenblick, wie wenn ein Blitz die Nacht erhellt. Lange saß ich reglos da, wie gelähmt. Endlich löste sich meine Erstarrung, und ich konnte aufstehen. Ich saß am Tisch und tat gar nichts, aber ich wußte. Langsam wurde es hell, auch Leonhard stand auf. Ich brachte es nicht fertig, wie sonst Frühstück zu machen. 'Wohin fährst du heute?' Er wunderte sich: 'Ich weiß nur den Bereich, die Gegend – wie immer – warum fragst du?' Wahrscheinlich kam es gereizt heraus: 'Leonhard, ich bitte dich, bleib heute hier!' Er verstand mich nicht und wurde unwillig. Während ich noch nach Worten suchte, kam ich mir unter seinem ungeduldigen Blick nach und nach selber merkwürdig vor. Es war ein Traum gewesen, mehr nicht, redete ich mir ein, oder eine Vorstellung meiner überreizten Nerven. Ich nahm mich zusammen und trank auch eine Tasse Kaffee. 'Fahr vorsichtig', flüsterte ich, 'und nicht so viel, bitte, Leonhard, paß auf. Ich habe Angst um dich.' Er schüttelte lächelnd den Kopf:

'Paß du auf dich auf – heut abend sehen wir weiter.' Schon stieg er ins Auto wie immer. Beim Abschiedskuß wußte ich, daß es das letzte Mal war.

Warum habe ich ihn gehen lassen, warum? Unzählige Male habe ich mich das gefragt in Verzweiflung und Schuldbewußtsein. Hätte es an mir gelegen, das Unheil abzuwenden?

Aber warum wieder und wieder dieses Grauen durchleben!

Es ändert nichts, nichts ändert es.

Ich nahm eine Schlaftablette.

Sich erinnern

«...ein Herz voll starker Träume...»
Annette von Droste-Hülshoff
«Abschied von der Jugend»

Ich klopfte an Annas Tür. «Es ist offen!» rief sie von innen. Ich ging hinein. Anna stand am Fenster, sie wandte den Kopf um zu mir und sagte verdrießlich: «So ein Schmuddelwetter!» Sie hatte ihre Strickjacke an und kam jetzt mit ihren dicken Socken an den Füßen mir entgegen: «Mach doch endlich die Tür zu, Uli, sonst geht die schöne Wärme in den Flur hinaus.» Ich trat näher und sah, daß sie einen Brief angefangen hatte, ein beschriebener Bogen lag auf dem Tisch, bedeckt mit ihrer großzügigen leichten Schrift.
Anna sah meinen Blick und nickte. «Ja, ich schreib gerade einen Brief, sogar mit einem Zitat von der Droste, ganz passend auf heute, hör mal zu.» Sie nahm den Bogen vom Tisch auf und las:

«Regen, Regen, immer Regen!
will nicht das Geplätscher enden,
daß ich aus dem Sarge brechen kann,
aus diesen Bretterwänden.»

«Aber Anna», sagte ich, «Sarg! Und Bretterwände! Wir haben's hier doch ganz gemütlich!»
Anna lachte. «Klar, du mußt das doch literarisch sehen. Ich möchte auch mal einen langen, schönen Brief schreiben, wie es hier so ist, und das paßt auch gut zu dem, was wir über Annette recherchieren. Also hör weiter:

Aber wehe! wie's vom Fasse brodelt,
          wenn gesprengt der Zapfen,
hör ich's auf dem Dache rasseln,
          förmlich wie mit Füßen stapfen.
Regen, unbarmherz'ger Regen!
          mögst du braten oder sieden!
Wehe, diese alte Kufe
          ist das Faß der Danaiden!*»

«Klingt gut», sagte ich, «aber zum Glück ist das Wetter
jetzt nicht gar so schlimm. An wen schreibst du eigentlich
diesen schönen, literarischen, ausführlichen Brief?»
Anna nahm den Bogen und legte ihn in die Schublade.
«An einen Bekannten», sagte sie unbestimmt. Dann
schob sie den Arm unter meinen und sagte warm: «Heut,
Uli, hab ich auf dich gewartet, mit dem Frühstück.»

Wir saßen immer noch in der Gaststube, der Regen lief an
den Fensterscheiben herab.
   «Ein trüber Tag», bemerkte das junge Mädchen, das
unser Geschirr abräumte.
   «Ist der Aufenthaltsraum geheizt?» erkundigte sich
Anna.
   «Dort ist es gemütlich warm», antwortete das Mädchen
freundlich.
   «Dann laß uns dorthin gehen, Uli, bis der Regen aufhört. Wir können lesen dort, lange lesen.»
Das taten wir auch. Der Regen ließ manchmal nach, aber
eine Art Lethargie hatte uns befallen, wir verließen das
Haus nicht. Die Stunden vergingen. Es war gut, hier zu
sitzen. Ich las oder sah zum Fenster hinaus, leise summte
die Heizung, ich hörte die Uhr ticken und das leichte

Rascheln, wenn Anna in ihrem Buch blätterte oder das schabende Geräusch ihres Bleistifts, wenn sie sich etwas aufschrieb, und über allem lag eine behagliche Ruhe und das wohltuende Gefühl, nicht allein in einem Raum zu sein.

Anna ging dann in ihr Zimmer. «Mein Brief», meinte sie, «muß weitergeschrieben werden. Und komisch, ich bin müde zum Umfallen, ich mache ein Schläfchen.»

Da saß ich nun allein in diesem Hotelsalon und las und dachte nach und wartete auf Anna, aber sie ließ sich Zeit. Meine Gedanken wanderten, und dann waren sie wieder in früheren Zeiten, als ich noch nicht allein war. Damals war mir die Welt voll, ich hatte Pläne und Hoffnungen. Das ist nun anders geworden.

Ich fand ein Gedicht, das zu meiner Stimmung paßte, es war schön, und ich freute mich an den Worten.

So an seiner Jugend Scheide
     steht ein Herz voll stolzer Träume,
blickt in ihre Paradiese
     und der Zukunft öde Räume,
seine Neigungen, verkümmert,
     sein Hoffnungen, begraben,
alle stehn am Horizonte,
     wollen ihre Träne haben.

Und die Jahre, die sich langsam,
     tückisch reihten aus Minuten,
alle brechen auf im Herzen,
     alle nun wie Wunden bluten;
mit der armen kargen Habe,
     aus dem reichen Schacht erbeutet,

> mutlos, ein gebrochner Wandrer,
> in das fremde Land er schreitet.*

Ja, Annette, darin kann ich mich finden. So fühle ich oft. Seltsam, daß eine Frau vor 150 Jahren genauso wie ich empfunden hat!

Endlich erschien Anna.

Sie setzte sich mir gegenüber.

«Was erzählst du mir, Uli? Du weißt, du bist dran.»

«Ich erzähl dir vom Rüschaus», sagte ich langsam, «dem Ort ihrer Einsamkeit. Dem Ort ihres Wartens.»

«Du meinst, sie hat gewartet?» fragte sie erstaunt.

«Nein, Anna, nicht so wie du jetzt denkst. Aber später, da hat sie gedacht: ich hab gewartet damals und wußte es nicht. Aber ich habe darauf zugelebt, daß ich finde.»

«Meinst du Levin?»

«Wen sonst. Er war es, auf den sie, ohne es zu wissen, gewartet hat. Damals lebte sie also im Rüschhaus.»

«Nicht mehr im Wasserschloß Hülshoff?» fragte Anna.

«Nein, das hatte der Bruder Werner als neuer Schloßherr übernommen, und Annette lebte mit ihrer Mutter auf dem Witwensitz Rüschhaus, das der Vater kurz vor seinem Tod noch gekauft hatte. Jenny heiratete und zog fort. Es waren schwere Abschiede für Annette. Auch Ferdinand, der jüngere Bruder, der zarte Gefährte ihrer Kindheit, war nach langem Siechtum dahingestorben. Nun war sie allein mit der Mutter in diesem kleinen ländlichen Herrenhaus.»

«Wo liegt das Rüschhaus, Uli?»

«Bei Münster in Westfalen. Es ist ein wirklich schönes Haus, ein architektonisches Kleinod, hier sieh mal das Bild. Und ein Garten war dabei, und Wiesen...»

Ich nahm einen Apfel aus der Schale auf dem Tisch und sah ihn an. «Apfelbäume gab es viele, und die säuerlichen grünen Äpfel mochte Annette besonders.» Ich reichte Anna den Apfel, sie nahm ihn und biß hinein.

Ich trat zum Fenster und sah eine Weile den schnell ziehenden Wolken nach.

«Annette fühlte sich manchmal wie eine Übriggebliebene; das Leben zog an ihr vorüber, außerhalb ihres stillen Landhauses. Kannst du dir's vorstellen, Anna?»

Sie sah mich abwartend an.

Ich setzte mich ihr gegenüber: «Mach die Augen zu, Anna, versetz dich weit fort, in ein einsam gelegenes Gut im westfälischen Land...»

Rüschhaus

«Mitten in einem großen verwilderten Park
lag das Rüschhaus. Eine mittelalterliche Zugbrücke führte über breite Gräben, in deren
feuchtem Grunde himmelblaue Blumen
wuchsen, aber kein Wasser mehr vorhanden
war. Gras und Unkraut bedeckten die Wege,
wilde Rosen und wilder Wein die Mauern.»
Elise von Hohenhausen

«Annette war oft allein. Wenige Besucher verirrten sich
hier heraus. Doch einmal kam eine liebe Freundin auf
einen längeren Besuch. Für Annette war das der Höhepunkt des Jahres. Es waren schöne Tage mit Adele. Adele
Schopenhauer, das war ihr Name.»

«War die verwandt mit dem Philosophen?» warf Anna
ein.

«Ja, seine Schwester. Annette hat sie sehr gern gehabt.
Und sie redeten stundenlang, und Adele hat sie verstanden. Sie war einer der ganz wenigen Menschen, der das
Geniale in Annette erkannt hat.
Es gefiel ihr, mit Annette an diesem verwunschenen Ort
zu sein. Hör, was sie in Briefen damals schrieb: 'Ich denke
mit großer Liebe an Rüschhaus... an seine Waldgegend
und Heide und Wasserblumen und an seine tausend
Insekten, Vögel, Katzen und Hunde und Hühner...* Wir
leben klösterlich still und sacht, man träumt fast, anstatt
zu leben...»*

Ich denke oft an dich, Adele und an unsere Gespräche
über Gott und die Welt. Zu dir sprach ich auch von ganz

persönlichen Dingen, von meiner Angst auch, die immer in mir war. Im Augenblick war sie zurückgewichen, aber sie wartete im Hintergrund, bis du, Adele, fortgegangen sein würdest. Denn dann käme sie wieder heraus, rückte an deinen Platz.

«Angst», sagtest du, «wovor muß man denn Angst haben.»

«Zum Beispiel davor, daß du mich vergißt, daß du mir fremd wirst...»

Aber du, Adele, hast dazu gelächelt. Du hast mich hochgezogen von meinem Sofa, und wir gingen spazieren, stundenlang.

«Du bist das geistreichste und zauberhafteste Geschöpf, das ich kenne», sagtest du einmal zu mir, «und dann wieder, Nette, bist du ganz verändert, wie ein zweites Wesen.»

«Was meinst du?» habe ich gefragt. Und du sagtest:

«Weißt du nicht, daß du oftmals von einer grenzenlosen Härte bist gegen Menschen, die dich lieben? Als ob du in dir selbst zerrissen wärst. Hat man dich so verletzt?»

«Ich lasse mich nicht verletzen», habe ich gesagt, «ich bin glücklicherweise meistens allein.»

«Kannst du dich denn gar nicht anpassen?» deine Stimme klang traurig, und ich: «Woran anpassen, Adele?»

Du sahst mich fest an. «An deine Zeit anpassen, an die Lebensformen, die uns umschließen, an den Geist deiner Zeitgenossen. Warum nur bist du so trotzig? Warum tust du gerade das Gegenteil?»

Weißt du noch, Adele, wie zornig ich wurde? Ich riß mir den geknöpften, steif gestärkten Kragen vom Kleid und die Nadeln aus meinen Flechten, und mit entblößtem Hals und sich lösendem Haar schrie ich dir ins Gesicht: «So etwa, so, Adele!?»

Du hobst den staubigen Kragen auf vom Boden und sagtest ruhig und kalt: «Sei nicht so maßlos, Annette! Wenn dir dein Kleid nicht gefällt, kauf dir ein neues, ein modisches. Nimm an Gesellschaften teil, suche den Umgang mit gebildeten, geistreichen Leuten und lauf nicht gleich weg, wenn sie dir nicht passen. Du vergräbst dich hier im Rüschhaus.»

«Meine Einsamkeit hier ist mir täglich lieber», sagte ich, «mein Rüschhaus ist doch ein lieber, heimlicher Ort, und mit dir, Adele, ist es herrlich hier. Gesellschaften? Neue Kleider? Klatsch und Oberflächlichkeiten, politisches Gezänk, Eifersüchteleien, nein – dazu habe ich keine Lust. Siehst du, dieses Leben paßt nicht für mich.»

«Aber Annette, ich habe selbst miterlebt, wie du brillierst in angemessener Gesellschaft, dein Humor, dein scharfer Geist, deine Redekunst sind bekannt, du kannst unterhalten, begeistern...»

Ich schüttelte müde den Kopf. «Nein, Adele, es fehlt mir allerdings nicht an einer humoristischen Ader, aber sie ist meiner gewöhnlichen Stimmung nicht angemessen. Nur der lustige Halbrausch, der uns in lebhafter Gesellschaft überfällt, ruft den geistreichen Scherz hervor, wenn die ganze Atmosphäre von Witzfunken sprüht und alles sich im Erzählen ähnlicher Stückchen überbietet. Bin ich allein, so fühle ich, wie dies meiner eigentlichen Natur fremd ist.»*

«Vergrab dich nicht, Annette.»

Ach Adele, dein mahnender Blick, deine Sicherheit! Als du fort warst, schrieben wir uns, lange Briefe, herzliche Sätze. Aber auch dir hab ich nicht verraten, welche Lust ich noch bekam an der Einsamkeit meines Rüschhauses, noch im selben Sommer, und welchen anderen Besuch ich dienstags hier draußen erwartete.

«Dienstags?» fragte Anna mit hellwachem Blick. Ich nickte.

«Und sie lebte ganz allein dort?» sagte Anna.

«Nein, mit ihrer Mutter und ihrer alten Amme. Sie hat ihre Amme geliebt, sie war das erste Nest, ihr breiter Schoß, ihre warmen Arme und ihre besänftigende murmelnde Stimme, erste Erinnerungen von Geborgenheit. Nun war sie alt – 'meine Alte' sagte Annette zärtlich zu ihr – saß meistens still in ihrem Kämmerchen und döste vor sich hin, keine Hilfe mehr in Haus und Garten, aber immer noch da, immer noch bereit, ihre gichtige Hand auf den blonden Kopf zu legen – ja ja, mein Fräulein, meine Kleine, ja ja – und dieser Trost wirkte immer noch, für einen Augenblick, für einen Wimpernschlag, ach ja, die Alte...»

Anna lächelte vor sich hin. «Ich kann mir's vorstellen. Und Bedienstete, Mägde und so weiter, die gab's doch auch im Rüschhaus?»

«Selbstverständlich, was denkst du denn, Haus und Garten und dieses ganze Gut, was meinst du, wer das alles versorgt und bewirtschaftet hat! Und die Freifrau war die Managerin, hat geplant und angeordnet und geprüft, und wenn sie abwesend war auf einer ihrer ausgedehnten Besuchsreisen, dann war das Freifräulein Annette die Chefin, das gnädige Fräulein. Aber die kümmerte sich nicht viel um das Anwesen, und die Leute fragten sie nur aus Anstand, sie nickte dann unsicher und sagte: 'Gut, tut

90

nur alles, wie's nötig ist', und sie gingen hinaus mit freundlicher Nachsicht: Das gnädige Fräulein ist eben eine Dichterin.

Kannst du sie dir vorstellen, Anna, in diesem abgelegenen Haus? Hier, lies das mal, eine Freundin hat das später geschrieben.»

Anna nahm das Buch und las mit ihrer angenehmen Stimme:

«... für Vertraute aber wurde das eigentliche Wohnzimmer der Dichterin geöffnet. Es war merkwürdig charakteristisch; sie nannte es selbst ihr «Schneckenhäuschen». Klein, schmal und niedrig lag es im Entresol wie ein Versteck, an dem man auf der breiten Treppe ahnungslos vorüberging, wenn man nicht in seine Geheimnisse eingeweiht war. Vier kleine Fenster öffneten sich nach dem Waldrevier; ...die Dichterin liebte es besonders, allabendlich den Sonnenuntergang durch die Bäume schimmern zu sehen. Die Schwalben nisteten an den Fenstern und flogen im Zimmer frei umher, als gehörte es zu ihrem Neste; sie wußten, daß sie hochwillkommene Gäste waren... Ein winzig kleiner Flügel, noch aus der Kindheit der Klaviatur stammend, der wegen seines leisen Harfentones sich besonders zur Begleitung des Gesanges eignete und deshalb von der Dichterin geliebt wurde, stand neben einem großen häßlichen Sofa und einem unpolierten Tische, auf demselben befanden sich stets mehrere Porzellanschalen mit frisch gepflückten Feldblumen und Heidekräutern. Ein Schreibzeug hatte kümmerlich zwischen ihnen Raum, Briefcouverts und Papierschnitzel lagen daneben, um zu Konzepten für die herrlichen tiefsinnigen Gedichte verwendet zu werden. Mit völlig unleserlichen kleinen eigensinnigen Buchstaben wurden diese niedergekritzelt, eine Runenschrift, die von der Schreiberin selbst kaum entziffert werden konnte. Auf dem großen schwarzen Sofa pflegte sie mit untergeschlagenen Füßen zu sitzen, um abwechselnd zu träumen, zu dichten und zu schreiben.»*

«Und dann kam er zu Besuch, jeden Dienstag kam er zu ihr», erzählte ich weiter.

«Sie hatte sich schon so an ihre Einsamkeit gewöhnt, aber einer durchbrach sie, der wanderte heraus zu ihr, Levin Schücking, Bekannter aus dem Literaturkreis, der drang durch zu ihrem abgelegenen Waldschlößchen, der blieb nicht in den Dornen hängen, der weckte das langschlummernde Dornröschen, er mit seinen hellen Augen und dem raschen leichten Wort. Später, viele Jahre später, schrieb er in seinen Lebenserinnerungen:

«...ein Mal in jeder Woche auch, am Dienstage, wanderte ich nach Tisch zu ihr hinaus, über Ackerkämpe, kleine Heiden und durch ein Gehölz, an dessen Ende ich oft ihre zierliche kleine Gestalt wahrnahm, wie sie ihre blonden Locken ohne Kopfbedeckung dem Spiel des Windes überließ, auf einer alten Holzbank saß und mit ihrem Fernrohr nach dem Kommenden ausblickte. Ich wurde dann zunächst in ihrem Entresolzimmerchen mit dem klassischen westfälischen Kaffee gelabt, ein Teller mit Obst stand im Sommer und Herbst daneben – ein kleine Streiferei in der nächsten buschreichen Umgebung des Hauses wurde dann gemacht... Wenn schlechtes Wetter oder sogar Winterschnee diese Streifereien unmöglich machten, flossen die Stunden nicht minder darum mit Windeseile vorüber, verplaudert in dem stillen Stübchen, das Annette ihr Schneckenhäuschen nannte. Es wurde bei unseren Plaudereien Abend, es wurde Nacht.*»

«Sehr hübsch», sagte Anna. «Und die alles kontrollie-
rende, stets besorgte Mutter war zu der Zeit wohl verreist.»

Ich nickte. «In Meersburg, bei der anderen Tochter.
Annette war allein mit der halbblinden und fast tauben
Alten.

Ab und zu schickten sie sich zwischendurch kleine Briefe, manchmal auf lateinisch, das konnte ja kaum jemand
verstehen, kurze herzliche Botschaften, zum Beispiel
diese: Nihil nisi salutem pro tam splendida matutina...»

«Auf deutsch bitte, Frau Lehrerin!»

«Ich hätte es gleich übersetzt. Es heißt: Ich wollte dir
nur meinen Gruß senden um diese schöne Morgenstunde,
jetzt wo du bereits auf dem Weg zur Kirche bist und ich
kaum aus dem Bett aufgestanden bin. Lebe wohl ohne
Kopfschmerz bis Dienstag, wo ich gegen zwei Uhr im
Wald vor deinem Landhaus... dich erwarte*. So hat alles
angefangen.»

Mein Paradies

«Das Leben ist so kurz, das Glück so selten,
so großes Kleinod, einmal sein statt gelten!»
Annette von Droste-Hülshoff
«An Levin Schücking»

Wir saßen eine Weile still da, beide in unsere Gedanken
versunken. Vielleicht dachten wir beide auch an den
Anfang einer Liebesgeschichte. Sind wir darin so ver-
schieden, hat nicht jede ihre eigenen wohlgehüteten
Schätze einer lieben Erinnerung, wie etwas begonnen
hat?

«Laß mich weitermachen», sagte Anna. «Ich will dir
erzählen, was es mit dem Dienstag auf sich hatte.

Ja, der Dienstag, der helle Wochentag, unser Tag, jour
fixe, da durfte nichts dazwischenkommen. Dienstag –
immer neu herbeigesehnt und besetzt mit den höchsten
Erwartungen. Und es war eine herrliche Zeit, Uli, diese
Anfangszeit! Mit keinem vorher hatte ich je so reden
können, nie vorher dieses tiefe gegenseitige Verstehen
gespürt. Gleiche Wellenlänge, verstehst du, Austausch
im Geistigen... Manchmal war es, als seien wir Geschwister, trotz des Altersunterschieds, Geschwister in der
Seele.»

«Du sprichst wie von dir selbst», sagte ich vorsichtig.

Anna stand auf und trat zum Fenster. Nach einem Augenblick sagte sie: «Ich spreche von Annette.»

«Und dann?» fragte ich.

Anna blieb eine Weile am Fenster stehen. Als sie sich
umwandte, lag eine Weichheit auf ihrem Gesicht, die sie
viel jünger erscheinen ließ.

«Ulrike», sagte sie versonnen, «ich erzähl dir, wie es war.»

Da saß ich mit meinem langen Fernrohr auf meiner Bank, die Bienen summten, und die Sonne tauchte alles in starkes Licht und dunkle Schatten. Ich aber wartete. Immer wieder hob ich das Fernrohr vor meine Augen, und jedes Mal durchfuhr mich ein wohliger Schreck, wenn er kam, mein lieber blonder Junge, die Jacke über dem Arm und Sonnenschein im Haar.

«Helfen Sie mir, mein Fräulein», sagte Levin einmal zu mir, «helfen Sie mir bei meinen Prosaskizzen über dieses herrliche Land.»
Dabei sah er mich mit einem unverstellten Blick lange an. Ich hielt dem stand, fühlte eine Wärme in mir aufsteigen, ich, die ich fast vergessen hatte, wie das ist, das Blick in Blick Tauchen, das Lächeln, die gesenkte Stimme, das Herzklopfen...
Einmal, wir saßen nebeneinander auf meinem schwarzen Kanapee, die Köpfe über ein Manuskript gebeugt, da legte er mir sacht seine warme Hand auf den Nacken. Ich erschauerte unter seiner Berührung.

«Sehen Sie mich an, Annette», sagte er leise, und ich wandte ihm langsam mein Gesicht zu. Er sah mich lange an, dann lehnte er seine Stirn an meine. Eine Weile blieben wir so, bis ich mich abwandte.

«Wir sehen uns ähnlich», sagte Levin, «wissen Sie das? Wir haben dieselben Augen, Schwesterchen.» Dabei lächelte er mich an. Ich rückte etwas ab von ihm, mein Herz klopfte heftig, und schüttelte den Kopf. «Mütterchen eher, Mütterchen», sagte ich lachend.

«Mütterchen», wiederholte er langsam. Und dabei blieb

es, Mütterchen also.

Miteinander arbeiten, zusammen skizzieren, einander vorlesen, sich sachte streiten über Formulierungen, das war Leben und Freude und Nähe und... ach Uli, einfach Glück, ein Wachsein, ein Aufleben, was weiß ich, jedenfalls schön, so schön...»

«Du erzählst so lebendig, Anna», sagte ich, «ich seh alles vor mir. War's nicht so, daß nun endlich eine Tür aufgegangen war in ihrem Leben, eine Tür ins Freie? War sie nicht aufgewacht aus schwerem Halbschlaf? War es nun endlich wieder Frühling geworden nach langem Wintereingeschlossensein?»

Anna lächelte. «Du drückst das ziemlich sentimental aus. Aber: ja, so ungefähr kommt's hin. Ich hab da ein Gedicht gefunden, hör mal, Spätes Erwachen heißt es:

> Wie war mein Dasein abgeschlossen,
> als ich im grünumhegten Haus
> durch Lerchenschlag und Finkensprossen
> noch träumt in den Azur hinaus.
> ...
> Verschlossen blieb ich, eingeschlossen
> in meiner Träume Zauberturm,
> die Blitze waren mir Genossen
> und Liebesstimme mir der Sturm.
> ...
> Wie ist das anders nun geworden,
> seit ich ins Auge dir geblickt;
> wie ist nun jeder Welle Borden
> ein Menschenbildnis eingedrückt.
> ...

Entzünden möcht ich alle Kerzen
und rufen jedem müden Sein:
Auf ist mein Paradies im Herzen,
zieht alle, alle nun hinein!

Wir schwiegen eine Weile.

«So hab ich mich auch einmal gefühlt», sagte ich langsam, «aber die Tür ist wieder zugegangen für mich, es war eine Täuschung.»
Anna legte ihre Hand auf meine. «Aber du hattest einen Blick hinein, ins Paradies, oder wie man's ausdrücken will, und das ist schon alles wert, meinst du nicht?»
Ich zuckte die Achseln. «Aber das Vergehen, Anna, das Verblassen zu bloßer Erinnerung...»

«Ich glaube nicht daran, daß irgendetwas vergeht», Annas Gesicht hatte einen trotzigen Ausdruck, «du trägst es in dir, du behältst es doch.»

«Erzähl weiter, Anna, die beiden kamen sich also näher.»

«Ja, er besuchte sie oft, und wenn er nicht kommen konnte, schrieb er ihr Briefe. Würde dir so ein Brief gefallen?
'Guten Morgen, lieb Mütterchen, wie haben Sie geschlafen? Wunderbar, daß man immer in seinen Fragen banal wird, wenn man Jemand recht lieb hat. Wie geht's Ihnen? Dieser gemeinste aller Gemeinplätze ist meine weichste Gefühlsäußerung, die Sie, glaub ich, je von mir gehört haben, ohne es vielleicht zu wissen.
Mir geht's gut; ich hoffe, ich bekomme heute einen Brief von Ihnen, ein paar Zeilen, mehr haben Sie gewiß nicht schreiben können. Vorigen Samstag war ich erschreckt förmlich, daß Sie nicht etwas wenigstens geschrieben:

der Brief kam Sonntags...

Mütterchen, erzählen Sie mir etwas, ich will die Augen zumachen und hören, wie Sie sprechen, oder von Ihnen träumen. Gestern nacht träumt' ich von Ihnen, Sie saßen und schrieben... Mütterchen, lieb Mütterchen, ich habe gewiß im Schlafe Sie gesehen und bin magnetisch bei Ihnen gewesen, wie Sie an mich geschrieben haben. Bekomme ich morgen das?'*»

«Anna, mich macht das zornig», sagte ich, «dieser Junge, Literat, Traumtänzer, er spielt, sieht er denn nicht, auf was dies alles zusteuert? Ist er wie ein Kind, das nur in der Gegenwart lebt und sich keine Gedanken macht an morgen?»

«Er fühlte sich wohl bei ihr», meinte Anna versonnen, «nein, er dachte nicht weiter. Amalie, die Freundin, hat damals ein Bildchen gemalt für Annette, es ihr im Brief geschickt. Sie war eine kluge Frau, eine hellsichtige Kameradin. Zwei Kinder malte sie, Annette und Levin, die einem geflügelten Stern nachjagen, ihn erhaschen wollen. Ja, sie hatten abgehoben, waren miteinander auf eine Reise gegangen aus Traum und Poesie und Sehnsucht, und keiner hat sie zurückhalten können.»

Dann kam die Dämmerung, die Stunde, da Tag und Nacht sich gleichen. Wir saßen zusammen auf dem alten Sofa. Levin schob mir ein Kissen hinter den Rücken. «Du sitzt da wie eine Türkin», sagte er lächelnd, «mit deinem langen dunklen Gewand.»

Ich hatte nach meiner Gewohnheit die Beine untergeschlagen auf dem Sofa, das war mir die liebste Haltung.

«Still», sagte ich, «still, mein Junge. Mütterchen wird dir

eine Geschichte erzählen.» Er legte seinen Kopf in meinen Schoß, und ich sah auf sein geliebtes Gesicht hinab, strich ihm über die helle Stirn und begann: «Das graue Silberlicht des Mondes tauchte den Raum in eine unbestimmte Dämmerung. Er saß, ach nein, er lag auf dem schwarzen Kanapee...» Levin lachte. «Pst», machte ich, «alle Sinne waren ihm übermäßig geschärft. Er seufzte schwer: wie seltsam blinken heut die Sterne, wie schwer die Luft die Brust beengt! Da öffnet knarrend sich die Kammertür. Was ist das? Nur getrübt das Auge sieht, schemenhaft, ist es eine Gestalt? Und nun, nun kommt es hergeschritten, ganz wie ein Schatten an der Wand, es hebt den Arm, es regt die Hand, nun ist es an den Tisch geglitten.»*

Levin seufzte voll Genuß. «Das letzte, Mütterchen», sagte er, «mußt du aufschreiben.»

Ich legte ihm die Hand auf den Mund. «Er zuckte empor, jede Nerve gespannt, er spürte sein Blut so matt und stockend schleichen, wer bist du, ächzte er...»

Levin faßte meine Hand und legte sie sich auf das Herz. Ich spürte sein schnelles Schlagen. Worte flossen mir über die Lippen, ich tauchte uns beide in ein abgründiges Licht, die Tageswelt versank uns, wir reisten auf unserem Kanapee weit, weit durch den Raum, jagten unserem geflügelten Stern nach, erlebten Abenteuer, waren wie Kinder in unserer eigenen Märchenwelt, ließen uns von unserer Phantasie leiten... und darüber wurde es dunkel in unserem Stübchen, aus dem wir eine treibende Insel im dämmernden Meer gemacht hatten, du und ich, und alle Ufer schwanden uns, und die Begrenzungen zerflossen, und nur der Traum regierte, und die Nacht stand samtschwarz vor dem Fenster, und die Worte erstarben uns endlich auf den Lippen.

Mir war die Seele wach so wach und hungrig und satt zugleich, und das Mondlicht schlief, aber wir wachten und träumten, bis die Süßigkeit des Gebens und Nehmens spät so spät auch uns im Schlaf ermattete.

Damals waren uns die Rosen weiß und dornenlos.

Der Morgen graute, Vögel begannen schon zu singen, da sah ich Levin nach, er ging hinein in die morgendurchglühte helle Dämmerung, die den neuen Tag empfing, er sah nicht zurück, und ich wußte, daß er mein Leben zum Blühen gebracht hatte.

«Es wird dunkel, Anna, und ich habe Hunger. Sollen wir nicht runtergehen und schön miteinander speisen, bei Kerzenlicht, irgendeine Spezialität der Gegend?»

Anna gab keine Antwort. Sie saß immer noch auf ihrem Stuhl am Fenster und sah hinaus. Ich trat zu ihr. «Anna», sagte ich beunruhigt, «Anna, was hast du denn?»

Sie wandte sich um und sagte mit rauher Stimme: «Mein Gott, was soll ich schon haben! Mach das Licht an, es ist wirklich zu dämmrig. Ich zieh mich heut abend fein an, daß du's weißt, heut feiern wir, auf meine Rechnung, daß das klar ist.»

Ich war erleichtert. «Reichen dir fünfzehn Minuten?»

Sie nickte. «In einer Viertelstunde also im Restaurant.»

Nähe

«Laß Ferne denn zur Nähe sich gestalten
durch Wechselwort und inniges Gedenken.»
Annette von Droste-Hülshoff,
Stammbuchblatt an
Henriette von Hohenhausen

In meinem Zimmer stand ich vor dem Spiegel und sah
mich an. Mein Gesicht war mir heute abend fremd. Das
macht dieses Eintauchen in ein fremdes Leben, dachte
ich. Ich bürstete meine kurzen dunklen Haare. Eine
andere stand neben mir, die flocht mit geschickten Fingern ihr langes blondes Haar und befestigte es in Schnek-
ken über ihren Ohren.

«Gehen Sie zur Seite, Fräulein von Droste-Hülshoff»,
sagte ich laut, «das ist mein Spiegel.»
Sie verschwand sofort.
Es wird Zeit, daß wir weiterreisen, ins Gebirge, wie wir
es gewollt haben. Lange Wege gehen, die frische Luft
spüren, weiten Blick haben, steigen, bis der Atem fehlt,
das ist es, was ich brauche.
Ich sah in den Spiegel.

«Ich will aber nicht», sagte die Ulrike im Spiegel.

«Doch, du willst», rief ich zornig. «Ich hör mir den
Wetterbericht an, und wenn er gut ist, dann, Ulrike, willst
du morgen abreisen.»

Anna war noch nicht da. Der Kellner führte mich an einen
Zweiertisch am Fenster, er brachte mir die Karte und
zündete die Kerze auf dem Tisch an.
Da trat Anna zur Tür herein. Sie hat alle Register gezo-

101

gen, dachte ich unwillig, aber sie kann's. Da stand sie, aufrecht und selbstbewußt, in einem weiten blaugrün-fließenden Kleid. Ihr blondes Haar hatte sie im Nacken zu einem losen Knoten gedreht, und – ich traute meinen Augen nicht – eine Locke hing ihr von der Schläfe herab. Sie hat wohl einen Lockenstab dabei, dachte ich neidisch.

Alle Augen wandten sich ihr zu, wie sie da stand und ihre Blicke durch den Raum schweifen ließ. Gut sah sie aus, ach was, schön war sie, hoheitsvoll und von starker weiblicher Ausstrahlung. Mit schwingendem Schritt kam sie an unseren Tisch, und ich kam mir plötzlich unansehnlich vor und ältlich. Als sie sich mir gegenüber setzte und mich fragend ansah, bemerkte ich eine Trauer in ihrem Blick, die mich betroffen machte.

«Anna», sagte ich, «du siehst hinreißend aus.»
Sie sah mir voll ins Gesicht. «Heut brauch ich das.» Ich schämte mich meiner Mißgunst. Sofort brachte ihr der Kellner die Karte. Wir suchten aus und bestellten. Das ist also unser letzter Meersburg-Abend. Eine leichte Wehmut überkam mich.

«Der Wetterbericht ist gut», sagte ich bedrückt. «Wir sollten bald weiterfahren, in die Berge. Morgen vielleicht, wenn du willst, wir sind schon den dritten Tag hier, nun wird es Zeit.»
Anna lächelte. «Und warum hast du dabei so einen traurigen Ton?»
Ich wehrte ab. «Na ja, was heißt traurig, nein, bestimmt nicht, ich seh's doch ein. Wir wollten ins Gebirge, und es war wirklich riesig nett von dir, dich hier zurückhalten zu lassen.»
Anna drehte ihr Glas zwischen den Fingern und betrachtete den golden schimmernden Wein. «Hast du wirklich

gedacht, ich habe mich von dir festhalten lassen? Ich will dir was sagen: fahr du in die Berge, wenn du absolut dort wandern willst. Ich möchte hierbleiben. Weißt du, dein Meersburg-Vorschlag war genau das, was ich gebraucht hab. Du kannst es nicht wissen, Uli, aber es mußte so sein, daß wir hiergeblieben sind. »

Ich sah sie an. Diese Erleichterung, diese Freude! Ich nahm ihre Hand auf dem Tisch und drückte sie. «Ach Anna, ich will doch auch hierbleiben, und wie gerne!»

Sie lachte und hob ihr Glas. «Dann ist ja alles in Butter. Dann haben wir noch mal drei volle Tage! Auf, Uli, komm, wir wollen auf Annette trinken.»

Unsere Gläser klangen leise aneinander, wir kosteten und lächelten uns dann an.

«Warum ist uns Annette so wichtig geworden hier?» fragte ich sie.

Anna zuckte die Schultern. «Unser Fach, zunächst mal, das ewige Interesse an Literatur. Und außerdem...» sie zögerte, dann sagte sie leise: «Sie hilft mir zur Klärung meiner Situation. Ich brauche sie vielleicht, sie wird ganz lebendig, und sie spricht irgendwie zu mir. Ich denke, dir geht das ähnlich.»

Ich nickte. «Sie kommt mir hier sehr nahe, Anna, vielleicht zu nahe. Und daß du dabei bist und wir über sie reden können, das ist mir wirklich ein Glück.»

Anna sah mich an mit ihren seltsamen hellen Augen. Dann sagte sie langsam: «Aber Uli, wir reden doch über uns.»

Ich sah zum Fenster hinaus, der Regen war vorbei. Ein klarer Himmel versprach einen schönen Spätsommertag. Dem Baum vor meinem Fenster hingen glitzernde Tropfen von den Blättern. Es war noch früh am Tag. Da kam mir der Gedanke, noch vor dem Frühstück einen Spaziergang zu machen, hinunter zum See. Ich nahm meinen Anorak und lief die Treppe hinab.

Die Luft war kühl und frisch, ab und zu zauste ein Windstoß mir Haar und Kleidung. Ich atmete tief. Anna schlief sicher noch. Und ich war gern allein heute morgen.

Der gestrige Abend beschäftigte mich sehr. Meine Gedanken gingen zurück zu dem Augenblick, als Anna gesagt hatte, sie brauche diese Zeit – das Recherchieren und das Lesen über die Dichterin – zur Klärung ihrer eigenen Situation.

Was weiß ich denn von Annas Lebenssituation? Wenig genug. Aber die Traurigkeit in ihren Augen, die kenne ich. Wie wenn etwas dabei ist, zuende zu gehen und man will oder kann es nicht fassen.

Ich ging wie schwebend, der Weg führte ja abwärts.

Und wenn dann das Ende da ist, Anna, dann sagt man sich: im Grunde hab ich's schon lange gewußt.

So war das bei mir gewesen, als ich dachte, ich könne noch einmal mit einem Menschen vertraut werden.

Der See war heute nicht der sanftblaue Spiegel wie an unserem ersten Tag hier. Ich sah auf seine aufgerauhte Fläche. Ab und zu kamen kleine weiße Schaumkronen auf die kurzen Wellen, wurden ausgelöscht, klatschend schlug das Wasser an die Bohlen des Landungsstegs. Unruhig, dachte ich, unruhig ist der See, aber der Wind wird sich legen, bald.

Nachdenklich begann ich den Rückweg. Ich erinnerte mich an unseren ersten Morgen hier, den Tag, an dem wir erst anfingen, Annette persönlich kennenzulernen. Ich bin allein frühstücken gewohnt, hatte Anna gesagt. Ich auch, Anna, seit vier Jahren bin ich es gewohnt. Aber du weißt nicht, was allein leben für mich heißt, wie es mich Jahr um Jahr weiter hinabzieht.

Ich ging schneller. Nein, ich würde mich nie daran gewöhnen können an das Alleinsein. Anna, du kannst es nicht wissen, wie wohl das tut in diesen Tagen, nicht allein am Tisch sitzen zu müssen, lange frühstücken und reden, wie schön das ist. Zuhause belege ich mir nur schnell ein Knäcke und stelle mich ans Fenster, die Schnitte in der einen und die Kaffeetasse in der anderen Hand, und dann sehe ich hinunter auf die belebte Straße, auf das eilende schnelle Leben außerhalb meines Hauses. Als ich in den Hoteleingang trat, stand Anna an der Rezeption. «Wann kommt denn hier die Post?» hörte ich sie fragen. «Erst um elf Uhr», die junge Frau lächelte höflich. Anna drehte sich um und sah mich. «Hallo, Ulrike», sagte sie in mattem Ton.

Ich nahm sie am Arm. «Komm!» und zog sie ins Frühstückszimmer.

Sie war beim Frühstück nicht sehr gesprächig, sogar ziemlich einsilbig. «Das Wetter wird sehr schön heute», sagte ich zuguterletzt, um sie aufzumuntern, «ich schlage vor, wir machen einen Ausflug. Gleich nachher gehen wir los und erkunden die Gegend, wär das was?»

Sie schüttelte den Kopf. «Ich möchte hier bleiben.»

«Aber warum denn», rief ich, «den ganzen Tag waren wir gestern da, wegen des Regens. Heut möchte ich mal raus an die frische Luft, in die Sonne, komm, Anna.»

«Nein», sagte sie störrisch, «geh du allein und erzähl mir's dann, ich möchte hier bleiben.»

«Bei diesem schönen Wetter?»

Sie sah mich an. «Bitte, Uli, laß mich. Ich möchte lesen, ein paar Briefe schreiben, meine Ruhe haben. Kannst du das akzeptieren?»

Enttäuscht nickte ich. Sie ist launisch, dachte ich, launisch und egoistisch. «Gut», sagte ich kurz und stand auf, «geh ich eben allein.»

Anna sah erleichtert aus. «Wir können ja zusammen Kaffee trinken», sagte sie ohne Begeisterung, «ich warte hier auf dich. Paßt dir 16 Uhr?»

Ich nickte und ging hinaus.

Im Grase

«Steigt oft ein unklar Sehnen dir empor,
du schaust vielleicht wie durch Gewölkes Flor
nach Tagen, längst vergessen, doch empfunden.»
Annette von Droste-Hülshoff
«Carpe diem»

Nun ja, ich bin das Alleinsein gewohnt. Ich zog mich um
und packte meinen kleinen Rucksack.
Heute werde einmal ich hinauf zum Fürstenhäusle gehen
und weiter, immer weiter wechselnde Aussicht auf den
See genießen und auf die Stadt und die Meersburg. Und
mich in die Sonne setzen und einfach ausspannen.
Trotzdem ärgerte ich mich über Anna. Ich nahm den Weg
Richtung Fürstenhäusle, doch dann hatte ich auf einmal
keine Lust mehr. Schöner wäre es, zusammen mit Anna
dorthin zu gehen. Sie würde mir alles zeigen: hier, Uli,
sieh mal... Unschlüssig blieb ich stehen. Da sah ich ein
weißes Schild: Friedhof. Das ist richtig, sagte ich mir und
ging weiter. Annette von Droste-Hülshoff ist ja hier
begraben.
Eine ältere Frau ordnete gerade die Blumen auf einem
ziemlich frischen Grab. «Die Dichterin?» sagte sie abwesend, «dahinten, rechts an der Mauer.»
Ich fand das Grab schnell. Das ovale Schild mit der
Aufschrift: Grabstätte der Dichterin wäre nicht nötig
gewesen. Ich nahm meinen Rucksack ab und legte ihn auf
den Kies, dann trat ich an ihr Grab.
Ein dunkler schlichter Stein: Anna Elisabeth von Droste-
Hülshoff geboren 12.1.1797 gestorben 24.5.1848. Ein-
undfünfzig Jahre, das war nun alles, ein ganzes Leben.

«Ehre dem Herrn» stand unten auf ihrem Grabstein. Ein beschwörendes Wort, über alle Wirrnis des Lebens hinausweisend. Ach, Annette, mir geht es wie dir, ich möchte einen Halt im Glauben haben, aber immer wieder ist da nur das Verschwimmende, Verfließende, und meine Hände greifen ins Leere.

Die Stille des Ortes legte sich besänftigend auf mein Gemüt. Nun sah ich eine kleine Tafel mit einem Gedicht von ihr. Ich las:

> Geliebte, wenn mein Geist geschieden,
> so weint mir keine Träne nach;
> denn wo ich weile, dort ist Frieden,
> dort leuchtet mir ein ew'ger Tag!

> Wo aller Erdengram verschwunden
> soll euer Bild mir nicht vergehn,
> und Linderung für eure Wunden,
> für euern Schmerz will ich erflehn.

> Weht nächtlich seine Seraphsflügel
> der Friede übers Weltenreich,
> so denkt nicht mehr an meinen Hügel,
> denn von den Sternen grüß ich euch!
>
> Letzte Worte 1848

Das hat sie also kurz vor ihrem Tod geschrieben. Aber Annette, mich grüßt du nicht von den Sternen, du bist mir in den letzten Tagen viel näher gekommen, als mir lieb ist. Ja, entfern dich, liebe Annette, mit Seraphsflügeln, zu den Sternen! Ich betrachtete ihren Grabstein, den Fuchsienbusch daneben mit seinen roten Blüten. «Nein, du bist nicht hier», sagte ich laut.

Da sah ich ihr Zeichen auf dem Stein, das Wappen derer von Droste-Hülshoff, den geflügelten Fisch.

Dein Element war das Dunkle, Abgründige, das Verborgene, Moos und Algen und der Schloßteich in Hülshoff und der Weiher in der Heidelandschaft und der See, immer wieder der See, Welle und Flut. Und dennoch wolltest du Flügel haben, wolltest abheben und frei sein, und es ging doch nicht. Ein Fisch mit Flügeln, Annette, ist doch eine Unmöglichkeit!

Auf ihrem Grab brannte ein rotes Grablicht. Die Sonne schien sanft durch die Zweige. Sich erheben aus der Schwermut, geht denn das? Du hast es versucht, Annette, und ich frage mich, ob du es wirklich gewollt hast, ob du nicht mehr hättest tun müssen, ob du nicht zu früh aufgegeben hast.

Ich nahm meinen Rucksack vom Boden auf. «Ich will's versuchen», sagte ich laut, «mehr als bisher, das sag ich dir.»

Der Tag war sonnig und warm geworden, und der Rhythmus meiner Schritte, die Bewegung in der frischen leichten Luft ließ ein Wohlgefühl in mir aufkommen, das ich lange nicht gehabt hatte. «Aufstehen und gehen», sagte ich vor mich hin, «aufstehen und gehen...» Es war wie eine Melodie in meinen Ohren, ein Refrain, der mit jedem Schritt stärker und heller klang, und so stieg ich weiter, weiter – immer wieder schimmerte unten der tiefblaue See, und ich fühlte mich so kräftig wie seit Jahren nicht mehr.

Hier oben war es still. Ich setzte mich auf die niedrige Bank und stellte den Rucksack neben mich. Gott sei Dank, kein Mensch hier. Ich zog Schuhe und Strümpfe aus und bewegte die Zehen. Tut das gut! Die Holzbank war von der Sonne durchwärmt. Ich knöpfte meine Bluse auf und lehnte mich zurück. Ein leichter Windhauch umfächelte mein erhitztes Gesicht. Warm ist es, warm, und es ist doch schon September. Ich schloß die Augen und lauschte auf das Summen um mich her und das ferne Rauschen des Verkehrs. Nächste Woche würde ich wieder im Geleise laufen, Schulanfang und Stundenplanprobleme, Elternabend, Stoffverteilungsplan, Klassenlisten... ich seufzte und schob das alles wieder dorthin, wo es hin gehörte, in die ferne nächste Woche.

Die Sonne lag hell und heiß auf meinen Lidern, ich blinzelte und beschattete meine Augen mit der Hand. Warum nur hab ich wieder keine Sonnenbrille mitgenommen. Da sah ich sie.

Sie saß wenig entfernt von mir im trockenen Gras und schaute mich unentwegt an. Ihr blondes Haar glänzte in der Sonne. «Ein schönes Plätzchen», sagte sie höflich, «ich komme gern hier herauf.»

Ich starrte sie an. «Fräulein von Droste-Hülshoff» stammelte ich und knöpfte hastig meine Bluse zu.

Sie lachte. «Laß den Unsinn», sagte sie freundlich, «warum setzt du dich nicht neben mich?»

Ich nahm Rucksack und Schuhe und Socken und ging zu ihr hinüber. Das trockene Gras fühlte sich hart an unter meinen Fußsohlen.

Sie war ein Stück beiseite gerückt und sah mir neugierig entgegen. «Eine praktische Mode», bemerkte sie, «wie nennt man das?»

«Bermuda-Shorts», antwortete ich verlegen.

«Bermuda», sagte sie träumerisch, «wie schön, wie wenn ein Wehen zu uns kommt aus verheißungsvoller Ferne. Ach, in diese fremden Länder reisen zu können,

Abenteuer erleben, selber sehen schmecken fühlen hören, was wir nur aus Büchern kennen... herrlich! Und Shorts – ein englischer Name? Die Kurzen? Sie sind allerdings kurz, diese Kniehosen.» Sie blickte prüfend auf meine Beine.

«Es gibt noch viel kürzere», murmelte ich.

«Erstaunlich», sagte Annette, «wirklich erstaunlich.» Sie beugte sich vor, knöpfte ihre Schuhe auf und zog sie aus. Dann rollte sie die Kniestrümpfe an ihren Beinen herunter und ließ sie neben sich auf den Boden fallen. Wir sahen auf unsere Füße nebeneinander, meine kräftigen braungebrannten neben ihren weißen zierlichen.

«Levin hat mir einmal hier oben Schuhe und Strümpfe ausgezogen», sagte Annette leise, «auf einem unserer langen Spaziergänge. Es war Herbst, aber noch ein milder goldener Tag, und die Trauben waren schon alle abgeerntet.»
Ihr Gesicht leuchtete wie von innen.

«Ich weiß», sagte ich vorsichtig, «daß er Ihr Dichterfreund war, Ihr Seelengefährte.»
Annette lachte mir ins Gesicht. «Du ahnst nicht, wieviel Mühe es gekostet hat, diese Legende vom Seelenfreund zu spinnen.»

«Aber die Verstellung Tag für Tag», sagte ich, «die Halbwahrheiten, das Versteckspiel, war das nicht schwer für Sie?»
Ein Schatten flog über ihre Züge. Sie nickte. «Sogar hier oben, als er mir die Strümpfe von den Füßen zog, sagte ich zu ihm: Nicht, Levin, wenn nun jemand vorbeikommt!» Annette hatte ihre kleinen Hände zu Fäusten geballt.

«In allen Büchern steht, Ihre Freundschaft mit Herrn

Schücking sei platonisch gewesen», sagte ich beruhigend.

Annette lächelte. «Das war dann also ein Erfolg für uns. So wollten wir es, ich, Levin, die Verwandtschaft, die Freunde, alle. Damals hätte es uns eine Katastrophe geschienen, wäre die Wahrheit durchgedrungen durch diesen festen Damm von Verstellung und Heimlichkeit, an dem wir so mühsam gebaut haben und der immer wieder so brüchig war.» Sie schob ihre langen Ärmel hoch und hielt ihre Arme der Sonne entgegen.

«Du hättest mit Levin auf und davon gehen sollen», sagte ich leise zu ihr, «und alles zurücklassen und einfach leben! Und wenn's dann zuende gegangen wäre, auch gut, aber diese Zeit hätte dir niemand nehmen können.» Annette sah mir ins Gesicht. «Ich hab's getan», sagte sie, «alles was du sagst, hab ich getan, auf meine Weise. Und es war ja auch bald zuende, ich hätte es von Anfang an wissen müssen. Und als Levin fortgegangen war, kam mir die Welt gewaltig nüchtern vor und kalt. Hast du gewußt, daß ich das Fürstenhäusle gekauft habe als letzten Versuch, ihn zu halten?»

«Nein», sagte ich, «aber ich hab mich gewundert über diesen Kauf. Du als Geschäftsfrau, die Besitz ersteigert, das hätte ich dir nicht zugetraut.»

Sie nickte. «Ich hab allen Mut zusammennehmen müssen. Weißt du, daß ich die einzige Frau war bei der Versteigerung? Alle waren befremdet. Aber ich war damals schon ein bißchen berühmt und das adlige Fräulein von der Burg und ein respektables Dämchen, also ließen sie es mir. Es hat mich mein ganzes Geld gekostet, und ich mußte sogar bei Werner, meinem korrekten Bruder um einen Vorschuß auf meine Leibrente bitten.

Aber alles war zu spät, viel zu spät.»

«Du hast nie dort gewohnt?» fragte ich.

Sie schüttelte wehmütig den Kopf. «Nie. Es sollte doch Levins und mein Nest sein. Was hätte ich ohne ihn damit anfangen wollen.»

«Du Arme!» sagte ich.

Sie sah mich lächelnd an, Spott in den hellen Augen. Ihr bewegtes Gesicht war so lebendig, so wach. «Ich und arm?» sagte sie leise. «Einige Male war ich dort oben, in meinem eigenen Refugium fremd wie ein ungebetener Gast. Ich saß vor meinem Fürstenhäuschen und vergaß die zerbrochenen Fenster und das verwilderte Gärtchen, ich träumte mir Levin her, er legte wieder seinen Kopf in meinen Schoß, und der Wind wehte mir den Klang seiner Stimme zu, und mein Herz sang.»

Plötzlich wurde ich sehr müde. Ich legte mich zurück ins warme Gras und überließ mich ganz ihrer hellen, lebensvollen, leicht vibrierenden Stimme:

> Süße Ruh', süßer Taumel im Gras
> von des Krautes Arom umhaucht,
> tiefe Flut, tief, tieftrunkne Flut,
> wenn die Wolk' am Azure verraucht,
> wenn aufs müde, schwimmende Haupt
> süßes Lachen gaukelt herab,
> liebe Stimme säuselt und träuft
> wie die Lindenblüt' auf ein Grab.

> Wenn im Busen die Toten dann,
> jede Leiche sich streckt und regt,
> leise, leise den Odem zieht,
> die geschloßne Wimper bewegt,
> tote Lieb', tote Lust, tote Zeit,

all die Schätze, im Schutt verwühlt,
sich berühren mit schüchternem Klang
gleich den Glöckchen, vom Winde umspielt.

Stunden, flüchtiger ihr als der Kuß
eines Strahls auf den trauernden See,
als des ziehenden Vogels Lied,
das mir niederperlt aus der Höh',
als des schillernden Käfers Blitz,
wenn den Sonnenpfad er durcheilt,
als der flücht'ge Druck einer Hand,
die zum letzten Male verweilt.

Dennoch, Himmel, immer mir nur
dieses eine: nur für das Lied
jedes freien Vogels im Blau
eine Seele, die mit ihm zieht,
nur für jeden kärglichen Strahl
meinen farbigschillernden Saum,
jeder warmen Hand meinen Druck,
und für jedes Glück einen Traum.*

An einem kleinen Tisch saß Anna, sie las und nahm ab
und zu einen Schluck aus ihrem Glas. Ich betrachtete sie
eine Weile und trat dann zu ihr.
Sie blickte auf. «Du warst lange fort.» Leichter Vorwurf
lag in ihrer Stimme. «Wo bist du bloß gewesen?»
   «Spazieren», sagte ich kurz, «da oben auf dem Hügel,
siehst du, dort, wo auch die Weinberge sind.»
Anna legte ihr Buch zur Seite. «Es ist schon fünf Uhr»,
bemerkte sie, «ich sitze seit fast einer Stunde da und

warte auf dich. Abmachungen sind eigentlich dazu da, eingehalten zu werden, Ulrike.»

Ich bestellte mir ein Mineralwasser. Anna sah mich immer noch abwartend an.

«Ich bin eingeschlafen», sagte ich widerwillig. Ihre runden, erstaunten Augen!

«Eingeschlafen?» fragte sie gedehnt. «Wo denn?»

«Im Grase», antwortete ich.

«Das sieht man auch», sagte sie mißbilligend, «du bist ganz verdrückt, und in deinem Haar hängt noch die halbe Wiese.» Sie zog mit spitzen Fingern einen kleinen Halm aus meinen Haaren. «Wieso schläfst du am hellichten Tag im Gras?»

«Anna, glaubst du, daß die Seelen von Menschen aus vergangenen Zeiten sich manchmal an Orten aufhalten, die ihnen im Leben etwas bedeutet haben?»

Sie starrte mich an. «Was meinst du damit?»

«Nun, ich meine, ob sie nicht vielleicht Gestalt annehmen können, und dann erscheinen sie...»

Anna machte ein besorgtes Gesicht. «Da kommt dein Mineralwasser. Trink erst mal, und dann leg dich eine Weile hin. Uli, du hast doch hoffentlich nicht in der prallen Sonne gelegen! Fühlst du dich gut?»

Ich nickte und nahm einen tiefen Schluck.

Levin

«…weil eben die lyrischen Stimmungen und
Empfindungen nicht alle Tage kommen und
eine neue Blüte treiben, sondern nur von Zeit
zu Zeit, wenn einmal irgendein Sturm oder
eine Störung unser Leben ergreift und den
schlummernden Meeresspiegel des Gemüts
ins Wogen und Wellenschlagen bringt.»

Levin Schücking,
Annette von Droste-Hülshoff
– ein Lebensbild, 1862

Es war ein milder Abend. Wir gingen hinunter an den See
und hielten unsere Gesichter in die laue Luft und tauchten
die Hände ins Wasser, und Anna schien wieder fröhlich
zu sein.

Wir setzten uns auf einen kleinen Holzsteg, das Holz war
noch warm vom Tag.

«Erzähl mir von Levin», bat ich, «ich kann mir noch gar
kein Bild machen von ihm.»

«Ich schon.» Anna sah nachdenklich über den See.

«Was ich weiß, ist wenig», sagte ich, «nur so viel:
Levin hatte Jura studiert, aber es zog ihn zur
Schriftstellerei, er hatte schon einiges verfaßt, ein paar
Artikel, ein paar Gedichte, und er schrieb an einem
Roman. Aber er hatte immer noch keine Stellung gefun-
den.»

Anna nickte. «Annette liebte ihn schon, du weißt es ja,
Ulrike, und das war kein Wunder. Ein gut aussehender
junger Mann, die Frauen sahen ihm nach; begabt, mit
Ehrgeiz und Selbstbewußtsein, und wirklich, er hatte

Grund dazu. Seine Reportagen waren so lebendig geschrieben, mit einem Know-how, das in der Branche
durchschlagend war...»

«Reportagen? Anna, ich meine, das war erst viel später,
als er bei dieser Zeitung angestellt war.»

«Natürlich», Anna wurde ungeduldig, «ich hab meinen
eigenen Jargon gebraucht», sie lachte kurz, «also noch-
mal: er war ein vielversprechender junger Mann, nicht
ohne Erfahrung mit Frauen, Uli, das kann ich dir versi-
chern. Und er war verliebt in Annette, das war wirklich
so, er sah in ihr die Größe, das Besondere. Sie hat ihm die
Stelle als Bibliothekar in der Meersburg verschafft, sich
hinter ihre verständnisvolle Schwester Jenny gesteckt,
hatte alle Hebel in Bewegung gesetzt, und das war gar
nicht leicht gewesen, das kannst du mir glauben. Und
dann hatte alles so gut geklappt! An diesem Tag war
Annette glücklich, sie fühlte sich jung und stark. Als sie
es ihm sagte, sie saßen gerade in einem kleinen Café... ich
meine, sie saßen in ihrem Zimmer im Rüschhaus und
tranken Kaffee, und sie sagte zu ihm: das mit der Stellung, Levin, das ist okay – da sprang er auf und nahm sie
in seine Arme, sie spürte seinen Atem im Haar, und er
sagte: Danke, mein Lieb, danke! Sie ist ihm vorausgereist
im September 1841, und er kam 14 Tage später, o wie
fein, ein zufälliges Zusammentreffen.»

Anna sammelte Steinchen und schleuderte sie in den See.

«Natürlich gab es ein paar Leute, die wußten Bescheid,
die lächelten wissend, und hinter unserem Rücken tu-
schelten sie, aber das war uns egal.»

«Nein, Anna, das glaube ich nicht. Sie haben so viel
Mühe daran gewandt, daß alles zufällig und harmlos
aussehen sollte, siehst du, leicht war das doch nicht. Und

nie Du zueinander sagen vor anderen, nicht zusammen die Burg verlassen und nach ihren Spaziergängen getrennt und zu verschiedenen Zeiten heimkommen, das war schwer genug durchzuhalten. Nein, egal war es ihnen ganz bestimmt nicht.»

Anna nickte. «Du hast recht. Levin also. Ich erzähle dir von diesem Herbstabend des Jahres 1841, als Levin hier in Meersburg ankam. Lange, mühselige Reisetage lagen hinter ihm, die Stunden in den vollbesetzten, ratternden, unbequemen Kutschen, das Geschwätz und die Ausdünstung der Mitreisenden. Fremder waren die Landschaften geworden, unverständlich zuweilen dieser südliche, schwere Dialekt. Und immer näher fuhr er dem Bodensee zu, dem vielbesungenen schwäbischen Meer.

Als er ankam, lag der See im Dunkel der Nacht. Morgen würde er ihn begrüßen. Morgen, das hieß für ihn die neue anregende Arbeit in der wertvollen alten Bibliothek des Freiherrn von Laßberg. Morgen, das hieß auch Wiedersehen mit Annette, morgen.

Aber heute noch würde er den anerkannten Germanisten und Historiker von Laßberg kennenlernen und gleich einen möglichst guten Eindruck machen müssen, denn er sollte zufrieden mit ihm sein, was die Arbeit betraf. So würde es werden, da war er sicher in seinem Selbstvertrauen, das sich auf seine geprüfte Begabung und sein fundiertes Wissen gründete.

Und er wollte noch mehr. Er wollte dieser wichtigen Persönlichkeit sympathisch sein, wollte eine persönliche Beziehung anknüpfen, Fäden spinnen, die ihm zu gegebener Zeit ein Netz zur Sicherung seiner Karriere sein würden. Ja, er würde sich dem in ihn gesetzten Vertrauen als würdig erweisen. Und diese Gewißheit gab ihm einen zuversichtlichen Schritt und eine zufriedene Vorfreude, als er vor der Pforte dieser alten mächtigen Burg stand, sein Gepäck absetzte und mit tiefem Atemholen den Klingelzug bediente.

Später hat er es in seinen Lebenserinnerungen beschrieben, Ulrike, im typischen Stil seiner Zeit. Also hör:

'Im nächtlichen Dunkel schritt ich über die Holzbrücke, welche über den tiefen, in Felsen gehauenen Burggraben des alten Schlosses an das Burgtor führte. Unten in der Tiefe rauschte eine Mühle, glänzende Lichter des am Seeufer liegenden Teiles des Städtchens und darüber weithin leuchtete im Sternenlicht wie matter Strahl die Fläche des Bodensees.

Ein alter Burgwart öffnete das Eingangspförtchen; ein Laternenlicht fiel in dem langen, niedrigen Torgewölbe, das ich betrat, auf eine Tafel mit einem großen Bild über einer ausgestreckten Hand und der Unterschrift Burgfrieden...

In den Hof herab fiel ein Lichtschein der erhellten Wohngemächer im ersten Stock. Im Innern führte eine Holztreppe zu ihnen empor, und ich stand bald vor dem alten Freiherrn, dem letzten zum Ritter geschlagenen Mann im römischen Reiche und berühmt als Meister Sepp von Eppishusen bei allen schwäbischen Geschichtsfreunden und bei allen Germanisten in deutschen Landen. Eine hohe, trotz seiner Jahre sich straff aufrecht haltende Gestalt mit einem schönen, ausdrucksvollen Kopf, mit edlen, aber mehr strengen und verschlossenen als offenen Zügen, mit weißem Haar unter einem roten Käppchen und in einem grünen Schnürrock erhob er sich von einer Tric-Trac-Tafel, an der er mit einem Bekannten aus dem Städtchen spielte, und bewillkommnete mich freundlich, mit der aristokratischen Hand seinen dünnen weißen Knebelbart zupfend. Wie ganz zu seiner Burgfrau geschaffen, stand sein Gemahl neben dem alten siebzigjährigen Ritter – ebenfalls eine hohe schlanke Gestalt mit schwanenhaft vorgebeugtem Hals und feinen edlen Zügen, nicht im mindesten der Schwester Annette ähnlich. Niemand in der Welt hätte sie für desselben Blutes Kinder gehalten. Die letztere kam, schwer atmend wie immer, wenn es für sie Treppen zu ersteigen galt, aus ihren Gemächern herüber. Dann tauchten noch zwei kleine Mädel von fünf oder sechs Jahren auf, des alten Herrn Zwillingstöchterchen, und darauf beschränkte sich der Kreis der Insassen der weiten, alten Schloßburg.*

Ja, zwanzig Jahre später hat sich das so angehört. Aber wir wissen noch was anderes, nicht? Das kann er nicht vergessen haben, auch wenn er es nicht schreibt. Annette 'kam schwer atmend', ja sicher. Und, Uli, ich will, daß dies in seiner Erinnerung geblieben ist, immer soll er das im Gedächtnis behalten haben, wie das war, als Annette erschien. Schnell kam sie herein, das blonde Haar floß ihr aufgelöst über Schultern und Rücken, sie hatte einen samtenen Morgenmantel an – sie hatte sich wohl schon zurückgezogen gehabt – den hielt sie mit einer Hand am Hals zusammen, und ihr Lächeln stand wie ein Schein um ihr Gesicht. Nette, sagte die Schwester, du atmest ja so schwer. Es sind die Treppen, sagte Annette, es sind nur die Treppen. Sie reichte ihm ihre warme Hand, und er spürte ihr leichtes Zittern in seiner. Willkommen, lieber Herr Schücking, sagte sie.
Und da war er nun hier, der Geliebte, der Dichterbruder, der Seelenfreund.

120

Endlich war einer da, der sie nicht nur im tiefsten verstand, sondern der ihr auch geistig ebenbürtig war. Er korrigierte ihre Verse, zwang sie zur Sorgfalt, spornte sie an, lobte und kritisierte sie. Er hatte ein seltenes starkes Gefühl für Sprache und einen sicheren Geschmack.

«Nein, Mütterchen», sagte er wohl einmal, «das mußt du überarbeiten. Ich weiß, es könnte viel besser sein. Versteh, Annette, ich habe dich so lieb, daß ich vielleicht leichter als andere Menschen geneigt bin, deine Gedichte schlecht zu finden *. Du weißt, was ich meine: schlecht nur in Anbetracht dessen, was du leisten könntest. Du bist genial, dessen bin ich sicher, du bist eine große Dichterin. Also, Mütterchen, stell an dich die höchsten Ansprüche!» Und sie schrieb und schrieb. Es war, als wären Schleusen geöffnet worden, und Worte strömten ihr zu, wie sie nie gesagt worden waren, reiner dichterischer Ausdruck ihrer Seele. Sie wußte es. «Meines Herzens strömende Quellen»*, sagte sie einmal, als sie ihm ein Gedicht gab, und er nickte und küßte ihre Hand. «Meine Dichterin», sagte er zärtlich.
Mütterchen, Dichterin, Geliebte, mehr konnte ihr das Leben nicht geben.
Sie wußte, daß Levin der eine war, auf den sie gewartet hatte. «All die Jahre habe ich auf dich zugelebt», sagte sie einmal in der Nacht zu ihm, und er zog ihren Kopf an seine Brust und sagte: «Wir sind doch Zwillinge.»

«Es war eine hohe Zeit in ihrem Leben. Ich seh sie vor mir, da steht sie, Annette, die blonden Haare an den Schläfen schon verblaßt zu mattem hellem Grau, aber sie strahlt, strahlt von innen heraus, denn endlich, mit über vierzig Jahren, ist das Glück zu ihr gekommen.»

Anna brach ab. Ich ließ ihr Zeit, überlegte mir eine
unverfängliche Frage.

«Und Jenny?» fragte ich, «die hat das doch gesehen,
meinst du nicht?»

Anna nickte. «Jenny, die gute Seele, war erleichtert und
froh. Annette ist endlich glücklich! Aber eine leise Bedrückung, eine wachsende Sorge, die wurde sie nicht los.
Denn wohin sollte das alles führen? Wohin?»

«Und der Schwager, dieser Freiherr von Laßberg?»
fragte ich, «wußte der wirklich nicht Bescheid?»

Anna überlegte. «Ich glaube nicht. Jedenfalls ist es bestimmt nicht ausgesprochen worden.

Weißt du, verschweigen, nicht zur Kenntnis nehmen,
übersehen, das konnten sie, die feinen Menschen, das
waren sie gewohnt. Und das machte dann auch so manches möglich, was man sonst als Mann von Stand und
Reputation hätte unterbinden müssen. Vielleicht hatte
der alternde Mann auch ein ganz heimliches Verständnis
für dieses poetische Verhältnis, das könnte ich mir schon
vorstellen. Doch, ich denke, er wußte mehr, als er je
zugegeben hätte, der alte gütige Herr. Ich hab da einen
Brief gefunden von ihm, warte mal, wo ist denn die
Stelle? Ach ja, hier, da schreibt er an einen Bekannten:
'Seit dem 30. September sind wir wieder alle beisammen,
und meine Frau hat ihre Schwester Nette, ein sehr lebhaftes Frauenzimmer von 40 Jahren, mitgebracht, welche,
da sie keinen Mann gefunden, sich dem Apollo und den
Musen in die Arme geworfen hat, schon ein Bändchen
Gedichte drucken ließ und mit einer brillanten Sing-
stimme wirklich gründliche musikalische Talente und
Fertigkeit verbindet.'*

Vielleicht hat er mal Jenny gegenüber was verlauten

lassen, am Abend, wenn das Ehepaar in seinen hohen Ledersesseln am Kaminfeuer saß und redete, vielleicht hat er da seine Gedanken über seine Schwägerin vorsichtig formuliert und hat mit seiner bedächtigen, vom Alter schon etwas brüchigen Stimme gesagt:

'Ungeheuer lebhaft ist sie, deine Schwester, lebendig, eigenartig lebendig. Erschrick doch nicht gleich, Jenny. Sieh mal, sie macht den Eindruck, als lebe sie jeden Augenblick der Zeit intensiv, den Geschehnissen und Menschen hingegeben, ich könnte auch sagen ausgeliefert. Keine Rückzugsmöglichkeit im Seelischen. Sie war immer eine Zierde unserer Abendgesellschaften, freilich. Sie brilliert mit ihrer Rede, ihr Lachen ist mitreißend, ihre Begeisterung ansteckend. Wenn sie erzählt, bekommt ein einfaches Märchen oder eine alberne Gespenstergeschichte Farbe, Bewegung, Glanz. Erinnerst du dich an diesen Abend vor Weihnachten? Wir hatten uns am Kamin im Fürstensaal dieser ehrwürdigen Burg versammelt, saßen da auf den harten geschnitzten Renaissance-Stühlen und lauschten wie die Kinder ihren Worten. Sie hatte uns mitgenommen in ihre bewegte, schillernde, bunte Phantasie, und keiner konnte und wollte sich dem entziehen, auch nicht meine Bekannten, die gelehrten Historiker, die sie schimmlig, rostig, prosaisch wie eine Pferdebürste, langweilig wie der bittre Tod* zu nennen beliebte, natürlich weiß ich das, Jenny. Sie machte ja kein Hehl aus ihrem Urteil. Ja, es waren Stunden von ganz eigenem Zauber, wenn sie dasaß mit hochgezogenen Beinen, die kleine Person in ihrem langen, unschönen Kleid, beim Schein des Kaminfeuers, das ihr blondes Haar aufleuchten ließ, und ihre seltsamen hellen Augen hielten uns alle in Bann. Und sie ist hochgebildet, die

Nette, das muß ich zugeben, sehr gescheit, aber immer dieses abwegige Interesse an dem Ungewöhnlichen, Absonderlichen. Dies zierliche Frauenzimmer mit ihrer ungebändigten Gefühlskraft – jeder Ehemann hätte mir leid getan, sie ist anstrengend, deine Schwester, sie wird schnell strapaziös. Ja, Jenny, du hast recht, sie taugt nicht zur Ehe. Nun hat sie ja ihren Dichterfreund bei sich. Lassen wir sie weiterhin ganz nach eigenen Wünschen und Neigungen leben, unsere Dichterin, damit scheint sie auch wohl vergnügt zu sein. Komm her, Jenny, liebes Kind, ich bin froh, daß du in nichts deiner Schwester gleichst.»

Anna stand auf. «Komm, wir gehen zurück. Ich möchte noch telefonieren.»

Als wir den steilen Abkürzungsweg hinaufgingen, war sie mir weit voraus. Einmal sah sie zurück und rief ungeduldig: «Kannst du denn nicht schneller gehen, Uli? Du schleichst daher wie eine Schnecke.»

«Geh voraus!» rief ich. Und das tat sie. Sie möchte telefonieren, dachte ich, sicher demselben, der den literarischen Brief von ihr bekommt, demselben, nach dessen Antwortbrief sie dauernd an der Rezeption fragt. Und plötzlich empfand ich Mitleid mit ihr.

Im Hotel ging ich gleich in mein Zimmer. Ich überlegte, wem ich wohl schreiben könnte. Du vergräbst dich, hatte Anna zu mir gesagt. Oder hat das jemand anderes zu Annette gesagt? Egal. Heut schreib ich einen Brief. Ich holte mein Adressenbüchlein aus der Handtasche und blätterte langsam darin. Da klopfte es an die Tür. «Ich bin's, mach auf», kam Annas Stimme.

Da stand sie im Dämmerlicht des Hotelflurs, trotzdem

sah ich, daß ihre Augen rot waren.

«Ich will ins Kino», sagte sie brüsk, «gehst du mit oder nicht?»

«Ich weiß nicht recht», ich war unschlüssig, «was gibt's denn?»

Anna machte eine ungeduldige Handbewegung. «Ist doch egal. Das sehen wir dann. Also, gehst du mit?»

«Ja.» Ich wollte ihr die Hand auf den Arm legen, aber sie hatte sich schon abgewandt.

«Wir treffen uns unten», sagte sie kurz.

Warten

«Sie saß am Fensterrand im Morgenlicht
und starrte in das aufgeschlag'ne Buch,
die Zeilen zählte sie und wußt' es nicht,
ach weithin, weithin der Gedanken Flug!
Was sind so ängstlich ihre nächt'gen Träume?
Was scheint die Sonne durch so öde Räume?
– Auch heute kam kein Brief, auch heute nicht.»

Annette von Droste-Hülshoff,
«Der Brief aus der Heimat»

Nach dem Frühstück blieben wir noch eine Weile sitzen, Anna las und ich sah Prospekte der Gegend an und schrieb meiner Nachbarin eine Ansichtskarte.

«Hat sie wirklich einen Partner an ihm gehabt?» fragte Anna und sah von ihrem Buch auf. «Ich meine, konnte sie, über die Verliebtheit hinaus, mit ihm reden, wirklich reden, sich geistig-emotional austauschen? Hat er sie verstanden als Mensch und Dichterin, sie echt verstanden? Was denkst du?»

Ich sah Anna an. Ihr Gesicht wirkte heute fahl, das klare Morgenlicht zeigte unbestechlich die feinen Fältchen um ihre Augen und die tiefen Linien um ihre Mundwinkel. Ihr blondes Haar hing heute strähnig um ihr müdes Gesicht.

«Geh doch mal zum Friseur», sagte ich spontan.

Anna sah mich erbittert an. «Geh zum Friseur, kauf dir was Neues zum Anziehen, ich kenn da eine gute Gesichtscreme... zum Donnerwetter, Ulrike, ist das alles, was wir an Anstrengungen unternehmen, wenn es um Partnerschaft geht? Ist denn das Aussehen so wichtig, und wenn ja: warum ist es dann egal, wie Männer aussehen? Guck sie dir doch mal an, wieviel Sorgfalt verwenden die denn auf ihre äußere Erscheinung? Herrgott, Uli, ich verlange mehr von einem Partner und mehr von mir selber als Äußerlichkeiten.»

«Und was verlangst du?» Ich hörte selbst, daß meine Stimme einen spöttischen Unterton bekam. Aber sie hatte, ohne daß sie das wissen konnte, an eine empfindliche Stelle bei mir gerührt.

Anna wurde heftig: «Das könnte sein: die Fähigkeit, auf den anderen einzugehen, ihn zu sehen in seiner Eigenart und in seiner Würde, seine Seele zu erkennen, verstehst du, und die eigene Seele antworten zu lassen. Aber was red ich da, du verstehst mich ja doch nicht.» Sie stieß ihre Kaffeetasse zurück.

«Paß auf, die Tasse», murmelte ich.

Abrupt stand sie auf und nahm ihren Zimmerschlüssel vom Tisch.

«Warte!» rief ich, «ich hab's nicht so gemeint...»

Sie schüttelte unwillig den Kopf. «Laß mich.»

Ich sah ihr nach, sie ging mit erhobenem Kopf und elastischem Gang, so geht eine selbstbewußte Frau, möchte man meinen. Und doch hatte in ihren Fragen eine Verzagtheit mitgeklungen, die mir erst jetzt zu Bewußtsein kam, eine Resignation, die mir nicht unbekannt war. Und ich hatte nichts besseres gewußt, als Ratschläge über Frisuren zu machen.

Mir war ziemlich elend zumute, als sie mich da sitzen gelassen hatte an diesem Hoteltischchen mit der adretten, frischgebügelten rosa Decke. Ich zog den Aschenbecher her und zündete mir eine Zigarette an. Ihr Buch hat sie noch liegen gelassen, sogar aufgeschlagen. Ich nahm es auf. Briefwechsel, aha. Das ist sicher interessant. Ich nahm einen tiefen Zug, blies den Rauch mit langem Atem aus und fühlte mich schon etwas besser. Auf der aufgeschlagenen Seite stand:

«Dann eine Bitte... Du hast Deinen Brief zerrissen, um mir das Herz nicht schwer zu machen; meinst Du, daß mir etwas schwerer auf dem Herzen liegen könnte, als die Angst ohne bestimmten Gegenstand, wenn Du mir nicht offen mehr schreibst? Ein Glück magst du allenfalls für Dich behalten, aber Deine Prüfungen will ich teilen und mittragen.»*

Nachdenklich blätterte ich in dem Buch. Annas «literarischer Brief» fiel mir ein, und ich begriff jetzt ihre mühsam unterdrückte Angst. Mein Blick fiel auf einen Briefanfang: «Meersburg, den 13ten Juni 1843. Vorgestern hab ich Deinen Brief erhalten, mein gutes Herz, und heute sitze ich schon wieder hinter der Feder, und zwar auch einmal in 'flüchtigster Hingeschmissenheit', damit mein Brief wo möglich noch vor...»*

Ich klappte das Buch zu.

Anna, fühlst du jetzt wie Annette das Ungleichgewicht, daß deine Waagschale so tief sinkt und die andere um so vieles leichter ist?

Da kam sie zu mir mit ihrem schnellen Schritt und setzte sich auf Annas Stuhl.

Ich erschrak. «Das kannst du doch nicht machen», sagte ich, «wenn dich nun jemand sieht.»

Annette lachte. «Mich sieht niemand. Anna sitzt in ihrem Zimmer und weint.»

«Das kann ich mir denken. Weißt du, er schreibt nicht.»

128

Annette nickte. «O dieses Warten auf einen Brief. Wie kenne ich das aus der Zeit, als Levin die Meersburg verlassen hatte. Einmal hielt ich mich wohl eine Stunde lang an der Treppe oben auf. Ich ging auf und ab, setzte mich immer wieder auf die oberste Stufe, lauschte am Geländer hinab, alles, um sofort zur Stelle zu sein, wenn der Postbote käme. Ich hatte in der Nacht geträumt, Levin spräche mit mir. Der Brief, dachte ich sofort beim Aufwachen, heute wird also der Brief kommen. Ich war mir so sicher, die Vorfreude machte mich sicher; heute noch werde ich seine lieben Worte in meinen Händen halten, dachte ich.

Als ich den Boten kommen hörte, lief ich die Treppe hinab. Jenny nahm gerade die Sendungen in Empfang, es waren Bücher für Laßberg und einige Journale, die er sich hatte kommen lassen.

'Ist für mich...' begann ich, aber Jenny sagte sofort: 'Nein, Liebe, für dich ist nichts dabei.'

Wir sahen uns an, ich las Mitleid in Jennys Blick.

'Mama schreibt lange nicht,' sagte ich. Jenny nickte und wandte sich ab. Nach einer Pause fragte sie: 'Schreibst du den Vormittag wieder?'

'Ja', sagte ich, 'ich bin gerade an etwas Längerem. Gut, daß ich in meinem Turm so ungestört bin.' Ungestört war ich. Ich stand am Fenster und sah auf meinen See, lange. Er war an diesem Vormittag smaragdgrün, auf jeder Welle einen goldenen Saum.

Am Nachmittag würde ich meinen Weg am See gehen, allein, und auf meiner Bank sitzen, und die Zeit würde mir zerrinnen wie gestern und vorgestern.

So sitz ich Stunden wie gebannt, im Gestern halb und halb im Heute...*, das kam mir an diesem Tag in den Sinn,

129

das schrieb ich auf als Notiz, diesen einen Satz an einem ganzen Tag.

Ja, immer dieser Wechsel von Erwartung und Enttäuschung, von Hoffnung und Ungeduld, und mein Ausgeliefertsein an diesen Wechsel!

Einmal, ein einziges Mal, schrieb ich ihm darüber, andeutungsweise, ich weiß es noch gut, die Worte sind in mein Gedächtnis eingegraben. Ich schrieb:

'Habe ich Dir nun törichtes Zeug genug vorgeschwätzt? Bist du ungeduldig, alter Philister? In Deinem nächsten Brief, den ich nun etwa am fünften nächsten Monats erwarte, mußt du mir aber mal recht ausführlich schreiben, oder ist es dir vielleicht lieber, mir immer auf der Stelle zu antworten? Das geht auch. Oder bist Du gar so tugendhaft, Dir mehr als einen Brief im Monat zuzumuten? Das wäre sehr schön. Ich traue es Dir aber nicht zu; mir wohl, mir ist alles recht und lieb, sobald sich nur die Briefe nicht kreuzen. Auch werde ich womöglich Vorsorge treffen, daß mir alle Briefe allein zugestellt werden, so daß ein irregulärer auch ziemlich gesichert ist. Adieu, mein lieb Herz, Du merkst wohl, ich kann es eigentlich nicht abwarten, daß Du schreibst. Adieu!»*

«Es ist so ungerecht», sagte ich zornig.

«Ungerecht», wiederholte sie, und Spott lag in ihren Augen. «Was ist denn schon gerecht! Da kommt Anna.» Sie verschwand.

Anna setzte sich zu mir. «Sollen wir zur Meersburg? Über Mittag wird's schön leer sein dort, und du kannst mir alles zeigen.» Ihre Stimme war ruhig.

«Dann wäre ich ja schon wieder dort», wandte ich ein, «aber ja, warum eigentlich nicht. Gehen wir.»

Ein Götterleben

«Wir haben doch ein Götterleben hier geführt
trotz deiner periodischen Brummigkeit...»
Annette von Droste-Hülshoff an
Levin Schücking im Mai 1842

«Einen Herbst und einen Winter lang waren die beiden
hier zusammen auf der Burg», begann Anna. «Die Zeit
mit Levin war eine zauberhafte Zeit. Annette fühlte sich
wohl und gesund wie lange nicht. Schon beim Aufwachen am Morgen dieser helle Gedanke: Levin ist da,
immer noch da, noch lange lange da... Im Spiegel ihr
Gesicht, ihr lächelnder Mund, schnell, schnell die Flechten aufgesteckt, daß ich ihn noch treffe am großen dunklen Eichentisch, Guten Morgen gnädiges Fräulein, und
Jennys zufriedenes Gesicht und das Kindergeplauder,
und ich fühle seinen Blick, mein Lachen klingt hell, und
sogar Laßbergs alte Nibelungen sind freundlich, und ich
höre Levins Stimme, und die Worte fliegen mir zu wie
Vögel, oder nein, sie steigen aus meinem Herzen herauf
wie Freigelassene aus dem Burgverlies, und der Morgen
gehört mir, ich schreibe schnell, und die Worte sind mir
wie die anstürmenden Wellen des Sees, es ist, als ob
Schleusen geöffnet wurden, eine Wette gnädiges Fräulein? ach Levin, jeden Tag ein Gedicht, mindestens eines,
für dich oder für mich oder für die Liebe, die mich so
wach macht...»
Anna verstummte. Mit offenen Händen und entrückten
Augen saß sie ganz still da, den Kopf an die graue Mauer
gelehnt. Ich ließ sie ihren Gedanken nachhängen. Sie hat
es bestimmt nicht bemerkt, daß ich aufstand und mir den

Wehrgang näher ansah, eine langgestreckte gewölbte Halle, zu welchem Zwecke wohl gebaut? Die dicken Mauern, die Bogengänge, die ausgetretenen Treppen, all das war damals schon genauso, als am Abend Levin und Annette zueinander geeilt sind. Ich stelle mir vor, Annette in ihrem Samtmantel, mit einem verstohlenen Licht in der Hand, beschattet und flackernd, der kalte Wind erfaßt ihren Saum und weht ihn hoch, hastig kommt sie die Stufen herauf in seinen Turm, und er macht ihr die Tür auf und zieht sie herein und nimmt ihr den Mantel von den Schultern und reibt ihr die Hände und atmet in ihr Haar und löscht ihr das Licht...

«Was stehst du da und träumst, Ulrike?» Anna stand hinter mir. «Laß den beiden ihre heimliche Zeit», sagte sie leise, «da drüben ist ein Burgcafé, da können wir sitzen und die Aussicht genießen.»
Langsam gingen wir hinüber. Die Aussicht war wieder anders hier und wieder schön, und wieder tranken wir Kaffee und aßen Kuchen dazu.
«Jeden Tag mindestens ein Gedicht oder zwei», überlegte ich laut, «und abends las sie vor, was sie geschrieben hatte, ihm und Jenny, und sie freuten sich daran. Und alle Zaghaftigkeit war von Annette abgefallen.»
«Und nachmittags lange Spaziergänge, das hast du vergessen, sogar bei Wind und Wetter, und sie wurde gesund und rosig dabei, und Jenny schrieb der Mutter: Nette ist ganz wohl und fröhlich und macht jeden Tag ein Gedicht.» Wir lachten.
Ich holte mein Buch heraus. «Und eingekehrt sind sie auch, wie wir jetzt, und was haben sie wohl vorgesetzt bekommen im reifen Herbst? Trauben, Anna, süße blaue

Trauben, und daheim hat sich Annette gleich hingesetzt
und in einem Stück ein Gedicht geschrieben.»
Anna sah mich skeptisch an. «Von wegen in einem Stück,
das glaubst du selbst nicht. An welches Gedicht denkst
du?»

«Es heißt: Die Schenke am See», antwortete ich, «und
unter dem Titel steht ausdrücklich: An Levin Sch.»

«Lies mal, Uli.»

Ist's nicht ein heitrer Ort, mein junger Freund,
das kleine Haus, das schier vom Hange gleitet,
Wo so possierlich uns der Wirt erscheint,
so übermächtig sich die Landschaft breitet;
wo uns ergötzt im neckischen Kontrast
das Wurzelmännchen mit verschmitzter Miene,
das wie ein Aal sich schlingt und kugelt fast
im Angesicht der stolzen Alpenbühne?

Sitz nieder. – Trauben – und behend erscheint
zopfwedelnd der geschäftige Pygmäe;
o sieh, wie die verletzte Beere weint
blutige Tränen um des Reifes Nähe;
frisch greif in die kristallne Schale, frisch,
die saftigen Rubine glühn und locken;
schon fühl ich an des Herbstes reichem Tisch
den kargen Winter nahn auf leisen Socken.

Das sind dir Hieroglyphen, junges Blut,
und ich, ich will an deiner lieben Seite
froh schlürfen meiner Neige letztes Gut.
Schau her, schau drüben in die Näh' und Weite;
wie uns zur Seite sich der Felsen bäumt,
als könnten wir mit Händen ihn ergreifen,

wie uns zu Füßen das Gewässer schäumt,
als könnten wir im Schwunge drüber streifen!

Trink aus, die Alpen liegen stundenweit,
nur nah die Burg und heimisches Gemäuer,
wo Träume lagern lang verschollner Zeit,
seltsame Mär und zornge Abenteuer.
Wohl ziemt es mir, in Räumen schwer und grau
zu grübeln über dunkler Taten Reste;
doch du, Levin, schaust aus dem grimmen Bau
wie eine Schwalbe aus dem Mauerneste.

Sieh drunten auf dem See im Abendrot
die Taucherente hin und wieder schlüpfend;
nun sinkt sie nieder wie des Netzes Lot,
nun wieder aufwärts mit den Wellen hüpfend;
seltsames Spiel, recht wie ein Lebenslauf!
Wir beide schaun gespannten Blickes nieder;
du flüsterst lächelnd: immer kommt sie auf –
und ich, ich denke, immer sinkt sie wieder!

Anna seufzte. «Sie hat es wohl immer wieder geahnt, daß
ihre Zeit bemessen war.» Sie nahm mir das Buch aus der
Hand und las noch einmal still für sich. Dann sagte sie
langsam: «Schon fühl ich an des Herbstes reichem Tisch
den kargen Winter nahn auf leisen Socken.» Sie sah auf
die Uhr und sprang auf. «Ich hab einen Termin.»
   «Wo denn?» fragte ich erstaunt.
Sie schnitt mir ein Gesicht. «Beim Friseur. Das hast du
nun davon!» Schnell war sie gegangen und hinterließ
eine Leere und ein leichtes Gefühl von Enttäuschung.
Ich schloß die Augen und versuchte, hundertfünfzig

Jahre zu überbrücken. Annette half mir dabei, sie war in meinen Gedanken, ganz nahe, aber sehen ließ sie sich nicht. Ich hörte ihr nur zu.

Ja, ich fühlte den Winter nahen, nicht nur in dieser Schenke am See. Jeden Tag sah ich deutlich, wie begrenzt die Zeit war. Schreib's auf, Ulrike, sag's deiner Freundin, und laß sie es allein lesen. Hast du einen Stift? Also, höre:
Er ist jung, jung. Er sieht mich an, und seine Augen haben meinen Blick, ich weiß es, sehr wach und oft überschattet. Wäre ich nur eine Anzahl Jahre jünger, wir sähen aus wie Geschwister.
Das sah ich, und es rief in mir den Irrtum hervor, zu meinen, wir seien wie ein Doppelwesen.

> Blick in mein Auge – ist es nicht das deine,
> ist nicht mein Zürnen selber deinem gleich?
> Du lächelst – und dein Lächeln ist das meine,
> an gleicher Lust und gleichem Sinnen reich;
> worüber alle Lippen freundlich scherzen,
> wir fühlen heil'ger es im eignen Herzen.*

Er mein Du, er mein Leben, er mein Ich.
Ja, später, viel später erkannte ich, daß das nicht gutgehen konnte.
Und immer öfter war da dieses Voneinanderweggeschleudertsein, diese feindliche Fremdheit. Nein, es gab nicht nur die traumhaften Stunden voller Poesie, es gab auch Streit, Nichtverstehen, harte Worte, Kälte. Ich meine nicht unsere Meinungsverschiedenheiten über meine Dichtung, das waren fruchtbare Diskussionen. Er war oft sehr unzufrieden mit einigen Wendungen, die ihm gegen den Genius der Sprache gingen, wie er sagte,

er fand manche Ausdrücke unverständlich und überhaupt einzelne Gedichte dunkel und unklar und verlangte eine viel sorgsamere Feile. * Aber siehst du, dieses Zusammenarbeiten, einander kritisieren, sich geistig auseinandersetzen, das war auch schön. Endlich einen ebenbürtigen Partner!

Nein, das was uns tief in Gegnerschaft brachte, war etwas anderes. Es war dieses Gefangensein in Konventionen, dieser Zwang zur Verstellung. Für ihn, der sehr abhängig war von der Anerkennung seiner Umgebung, von der Zustimmung seiner Freunde, für ihn war dieses heimliche Leben gegen alle Regeln der Gesellschaft immer schwerer zu ertragen. Er wollte ein anerkanntes Leben führen, Erfolg haben, sich frei bewegen können. Ich sah es wohl. Und ich litt darunter, ich hatte Angst um mein spätes, heimliches Glück. Ja manchmal, manchmal war ich übermütig, vielleicht auch nur verzweifelt, und ich dachte: wenn er den Mut hätte, sich offen zu unserer Liebe zu bekennen, ich täte es auch, ach wie gern. Fortgehen und zusammen leben... Aber dann fiel aller Mut in mir wieder zusammen, wenn ich an Mama dachte und an die liebe Jenny und an die Verwandtschaft, und ich kehrte wieder zurück in Heimlichkeit, in Vertuschen.

Levin sagte einmal zu mir: «Daß wir nicht offen miteinander leben können, das engt mich ein, legt sich mir wie Fesseln um die Hände, hält mich fest wie in einem dumpfen Gefängnis.» Er saß auf meinem Kanapee und lehnte den Kopf an die Rückenlehne. «Mein guter Junge», sagte ich erschrocken und faßte seine Hand. Er entriß sie mir und sagte heftig: «Dein guter Junge braucht frische Luft.» Dann ging er hinaus ohne ein weiteres Wort.

Ich blieb sitzen mit meiner Angst und meinem Zorn und

redete mit ihm, als säße er noch bei mir. Levin, sagte ich, du bist mir grauenvoll fern. So wie wenn ich vor mein Spiegelbild träte und es spräche: du bist nicht meinesgleichen. Zwischen uns breiten sich gelebte, durchlittene Jahre aus. Levin, du weißt noch nicht, was Alleinsein heißt. Du kennst sie nicht, die Tiefe der Verschollenheit. Ich bin nie daheim, Levin, nur jetzt eine kleine Zeit bei dir, eine kleine Zeit. Und dann wirst du weitergehen.

«Wenn wir ein Haus hätten, Annette», sagte Levin am nächsten Abend, «nur für uns und leben dürften im Licht der Öffentlichkeit...» Ich küßte ihn und sagte: «Levin, wo sollte es denn so ein Haus geben!» Da sagte er träumerisch: «Auf einem Hügel, Mütterchen, von Weinlaub umkränzt, und wir blickten auf den See und unsere Bücher ständen auf demselben Bord...» Das vergaß ich nicht, nein, nie. Aber in der Nacht träumte mir, er ginge von mir, lächelnd, eine Kutsche nahm ihn auf, und er streckte den Kopf aus dem Fenster und sagte: «Du kommst ja nach, Mütterchen, du holst mich ein.»

«Levin!» schrie ich, «Und wo?» Aber er hörte mich nicht mehr und lächelte und hob die Hand zum Abschied.

Ich sah mich dann in einer fremden Kutsche, um ihm hinterher zu fahren. Ich wußte kein Ziel anzugeben, ich sagte zu dem Kutscher: «Fahren Sie die Allee entlang!» Aber da war keine Allee mehr, und er drehte sich um und sprach: «Es ist ja ein schönes Wahrzeichen liebender Herzen, mit glühender herzzerreißender Blindheit die Hoffnung zu umklammern, wenn sie für einen jeden anderen längst dahin ist.»* Ich erwachte mit einem starken Schrecken, mein Herz hämmerte qualvoll, und ich wußte: bald werde ich allein sein, für immer.

Da stand ich auf, sehr früh, der See lag in mattem Grau.

Ich setzte mich an meinen Sekretär, klappte die Lade
herunter und schrieb und konnte lange nicht aufhören,
und es wurde heller Morgen, es wurde Mittag.
Levin sah bei Tisch aus wie der junge Tag. Er blickte
mich forschend an, aber ich zeigte ihm das Gedicht nicht,
dieses Mal nicht.
Am Nachmittag schrieb ich es ins reine, ich nannte es
'Spiegelung' und schrieb darunter: Für L.

> O frage nicht, was mich so tief bewegt,
> seh ich dein junges Blut so freudig wallen,
> warum, an deine klare Stirn gelegt,
> mir schwere Tropfen aus den Wimpern fallen.

> Mir träumte einst, ich sei ein albern Kind,
> sich emsig mühend an des Tisches Borden;
> wie übermächtig die Vokabeln sind,
> die wieder Hieroglyphen mir geworden!

> Und als ich dann erwacht, da wein ich heiß,
> daß mir so klar und nüchtern jetzt zumute,
> daß ich so schrankenlos und überweis',
> so ohne Furcht vor Schelten und vor Rute.

> So, wenn ich schaue in dein Antlitz mild,
> wo tausend frische Lebenskeime walten,
> da ist es mir, als ob Natur mein Bild
> mir aus dem Zauberspiegel vorgehalten;

> und all mein Hoffen, meiner Seele Brand
> und meiner Liebessonne dämmernd Scheinen,
> was noch entschwinden wird und was entschwand,
> das muß ich alles dann in dir beweinen.

Adieu

«Nun stehe ich einsam im stillen Haus
Und sehe die Blätter zerfallen.»
Annette von Droste-Hülshoff,
«Meine Sträuße»

Annas Haar war kürzer, es lag wie ein goldschimmernder
Helm um ihren Kopf. Sie sah zufrieden aus. Ich gab ihr
das Blatt, das ich geschrieben hatte. Erstaunt sah sie mich
an. «Du schreibst es auf?»
Ich nickte. «Man vergißt so leicht.»
Anna las mit gerunzelter Stirn.
Nachdenklich faltete sie den Bogen zusammen und sagte
langsam: «Die herrschende Meinung ist schon ein Druck,
das fühle ich auch. Man möchte dazugehören, das haben,
was alle gut finden, so sein, daß man einem Bild ent-
spricht, dem Bild vom erfolgreichen, anerkannten Menschen, der in seiner Zeit heimisch ist.»
Sie verstummte. Unschlüssig sah sie mich an.
Ich wartete.
Sie atmete tief durch. «Ich habe einen Freund. Ich weiß,
du denkst jetzt, das sei bei mir nichts besonderes. Bis zu
einem gewissen Grad hast du auch recht damit. Ich hatte
immer wieder Bekannte, manchmal war's auch eine Beziehung. Aber dies jetzt, Uli, das ist etwas anderes,
gegenseitiges Verstehen, Gleichklang, Gemeinsamkeit –
ich weiß nicht, wie ich's sagen soll. Er ist einfach der, den
ich immer gesucht und bisher nie gefunden habe, nie.
Und auf einmal, mit über 40 Jahren, da läuft mir das
Glück über den Weg.»
Ich sagte nichts dazu. Sie sah mich fast zaghaft an und

fragte leise: «Verstehst du mich?»

Ich nickte. «Vor einem Jahr sah es für mich auch aus, als käme das Glück zu mir zurück, Anna, aber ich habe mich getäuscht. Wie lange seid ihr schon zusammen?»

«Zwei Jahre», antwortete sie, «und i c h bin mir sicher. Aufgeben würde i c h ja auch nichts.»

«Was denn aufgeben, Anna?»

Sie sah angestrengt vor sich hin. «Den Beifall der Umgebung, die fraglose Anerkennung, das Bleiben in der passenden Altersstufe, die Aussicht auf Kinder...»

«In unserem Alter will man wirklich keine Kinder mehr», stimmte ich zu.

«Da ist noch etwas anderes.» Sie zögerte.

«Ist er verheiratet, Anna?»

Sie lächelte. «Nein, das ist es nicht.»

Nach einer Weile fragte sie: «Meinst du, Annette hat es wirklich gewußt, daß er gehen würde? Hat sie das Problem nicht vorher zur Sprache gebracht? Überleg mal, Uli.»

An einem hellen Spätwintertag wanderten die beiden am See entlang. Die Wege waren noch winternaß, in den Pfützen spiegelte sich der Himmel, die frische leichte Brise wehte ihnen einen Geruch von Wiese und Wasser zu, von erster Wärme überhaucht. Annette hatte ihren Mantel aufgeknöpft, sie atmete tief den erwartungsfrohen Duft. Ein Lächeln lag auf ihrem Gesicht. «Bald, Levin, bald können wir wieder im Gras sitzen.»

Levin blieb stehen. «Annette», etwas Rauhes lag in seiner Stimme, «Freiligrath hat mir einen Brief geschrieben. Du weißt, er ist mein bester Freund. Er könnte mir eine Stelle verschaffen als Hauslehrer.»

Annette blieb stehen. «Wo?» fragte sie, «sag doch, wo denn?»

«Beim Fürsten von Wrede in Ellingen.» Levin sah sie nicht an. «Es wäre eine längerfristige Anstellung.»

Es war ihr, als begänne der See zu zittern. Sie sah auf den schwankenden Wasserspiegel. «Ich wußte, daß du einmal gehen würdest, Levin – und ich halte dich nicht zurück.»

Levin nahm behutsam ihren Arm. «Mütterchen, es ist noch lange hin, noch mindestens zwei Monate, und vielleicht wird auch gar nichts daraus. Warum also heute schon traurig sein! Ich komme wieder, Annette, ich komme bestimmt wieder.»

Sie strich ihm über die Wange. «Ja, mein Pferdchen», flüsterte sie.

«Unsinn!» sagte Anna laut. «Nie und nimmer kann das so gewesen sein, Ulrike. So leicht kann sie es ihm nicht gemacht haben. Hör zu. Es war anders.»

An einem hellen Frühlingstag – beachte den Unterschied – wanderten die beiden ihren Weg am See entlang und so weiter.

Annette spürte, daß etwas Unausgesprochenes in der Luft lag. Sie war unruhig, sie knöpfte ihren Mantel auf, atmete tief und versuchte so, ihre beengende Beklemmung niederzuhalten.

«Willst du mir etwas sagen, Levin?» fragte sie schließlich, «dann tu's jetzt.»

«Freiligrath hat mir einen Brief geschrieben, er könnte mir eine Stelle besorgen, als Hauslehrer.»

Annette blieb stehen. Etwas schnürte ihr die Kehle zu,

nahm ihr den Atem. «Wo?» fragte sie kurz.

Nach einer Pause sagte Levin: «Beim Fürsten von Wrede in Ellingen.»

«Wann ist der Brief gekommen?» fragte Annette. Ihre Stimme klang heiser. Levin schwieg. «Wann?» Annette stand vor ihm mit erhobenem Kopf, Zorn im Gesicht und Angst.

Levin zuckte die Achseln. «Im Februar», sagte er unbestimmt. Er sah sie nicht an.

Ihr wurde kalt. «Im Februar», wiederholte sie, «und jetzt ist es Ende März. Du hast ihm doch längst schon Antwort gegeben.»

«Ja», sagte Levin knapp.

«Und?» Sie brachte nur noch ein Flüstern heraus.

Nach einer Weile sagte er: «Ich trete diese Stelle an.»

Annette blickte auf den Boden. In der Wasserlache vor ihren Füßen spiegelte sich der Himmel. Sie rührte sie mit der Spitze ihres Stocks auf zur trüben schlammigen Pfütze.

«Und wann beginnt deine Tätigkeit dort?» fragte sie kalt. Levin sah über den See, die Sonne schien auf sein Haar. «In fünf Tagen reise ich ab.»

Eine schwere Stille breitete sich aus. Levin nahm ihren Arm. «Versteh mich doch, Annette», sagte er.

Sie riß sich los. «Verständnis willst du? Von mir? Hinter meinem Rücken hast du alles in die Wege geleitet, mir nichts gesagt, kein Wort. Tag für Tag bist du mir mit glattem Gesicht gegenüber getreten, in dir das Wissen, daß du gehen wirst, aber zu mir kein Wort! Du hast mein Vertrauen mit Füßen getreten, Levin, unser Zusammensein hast du zur Lüge gemacht.»

Levin faßte sie an den Schultern und rief: «Annette,

komm zu dir! Und schrei nicht so, wenn jetzt jemand vorbeikäme!» Annette riß sich aufweinend los und rannte den Weg zurück. Levin holte sie ein, hielt sie fest und zog sie an sich. Sie weinte weiter, ein hemmungsloses trockenes Schluchzen kam aus ihrer Kehle, sie schlug mit beiden Fäusten gegen seine Brust, aber er ließ sie nicht los. Schließlich lehnte sie erschöpft ihr Gesicht an seine Schulter. «Wir haben uns umarmt, Levin, und waren uns ganz nah, und du hast dabei gedacht: bald werde ich fort sein – war's nicht so?»

«Ja», sagte Levin und streichelte ihr Haar.

Annette legte den Kopf zurück, sah ihn lange an, dann sagte sie laut: «Geh nur, geh! Geh fort, Levin, und laß mich zurück. Vergiß alles, was mit uns war und fang neu an!»

Levin schüttelte den Kopf. «Vergessen werde ich nie, Annette.»

«Ich will, daß du gehst, Levin.» Ihre Stimme war klar und hart. «Ich gebe dich frei, hörst du? Du hast mich nicht so geliebt wie ich dich.» Sie wandte sich ab.

Er streckte die Hand aus. «Mütterchen.»

Sie schlug seine Hand zur Seite. «Läßt du dich retten vor mir – von deinem Freund?» stieß sie hervor, voller Hohn. «Läßt du dich auf den rechten Weg zurückführen? Ich hätte dich für größer gehalten. Geh, Levin, geh!»

Sie standen sich gegenüber und sahen sich an, lange, wortlos. Er zog sie zu sich her, und einen Augenblick lang umgab sie die alte Wärme. «Mütterchen», murmelte er, «mein Mütterchen.» Sie legte ihre Hand an seine Wange, und er sah den Schmerz in ihren Augen. «Ich komme doch wieder, Annette. Ich komme wieder.»

«Adieu, mein Pferdchen», sagte sie mit erstickter Stimme. Er ließ die Arme sinken.

«Warum bist du zu mir gekommen, Anna, warum warst
du an jenem Abend ganz unverhofft an meiner Wohnungs-
tür und wolltest mit mir wegfahren?»
Anna blickte an mir vorbei. Sie zögerte. «Eine Frist, Uli,
ich hab ihm eine Frist gesetzt, eine Woche lang. Er sollte
sich darüber klar werden, ob er bei mir bleiben oder
gehen will. Er hat meine Adresse, ich habe ihm auch
geschrieben, einen langen versöhnlichen Brief. Ich hoffte, er würde anrufen. Der Urlaub? Wir wollten zusammen
wegfahren, er hat jetzt auch Urlaub. Aber das ging nicht,
siehst du. Ja, ich habe ihm geschrieben, anders als Annette, die in ihrem ersten Brief nach seiner Abreise sich so
ausgedrückt hat, ich les dir die Stelle vor:
'Ach du gut Kind, was habe ich schon für bittere Thränen
darüber geweint, daß ich dir noch zuletzt so harte Dinge
gesagt hatte. Und doch war viel Wahres darin...'*
Aber im Grund ist da nicht viel Unterschied zwischen
ihrem Brief und meinem. Und ich warte, Ulrike, und mit
jedem Tag wird meine Angst größer.» Anna sah verloren
vor sich hin. «Aber erzähl mir weiter von Annette. Er
ging also tatsächlich fort.»
«Ja», sagte ich, «am 2. April 1842. Nie konnte Annette
den Tag vergessen. Später, als sie schon sehr krank war,
hat sie mit ihrer Schwester darüber geredet.»

Jenny hatte gerade frische Blumen gebracht aus ihrem
Burggärtchen und ordnete sie in einer Vase. Es waren
rote Tulpen. Annette sah ihr lächelnd zu. Sie saß in einem
Lehnstuhl und blätterte in einem Journal. «Levin hat sie
sehr gemocht, weißt du noch, Jenny? Als er ging, da

144

standen sie alle in Blüte, deine roten Tulpen.»

«Ich weiß, Nette. Ich hab dir damals auch einen Strauß Tulpen auf dein Zimmer gestellt. Ich glaube, du hast sie gar nicht zur Kenntnis genommen.»

«Doch», sagte Annette, «aber ich konnte dir nichts sagen. Siehst du, als er ging, er, Levin, er der Einzige, da fühlte ich mich so ausgebrannt, so kalt. Er blickte nicht zurück, das war mir recht, denn wie hätte er mich wohl gesehen, bleich und stumm. Ich hab ja nichts mehr zu sagen gewußt, keine Worte standen mir zu Gebot. Die Dichterin hatte nichts zu sagen. Und er ging und nahm meinen stummen Schrei mit.

Ich blieb stehen an der Treppe, sah ihm nach, sah seine leichte und doch kräftige Getalt, sein Haar leuchtete in der Sonne – und ich fühlte alles Leben in mir vergehen. Ich stand eine Weile, Jenny, du nahmst mich am Arm, weißt du noch, sagtest etwas von miteinander in Ruhe Tee trinken – ja, doch, ich hab's gehört, aber die Sprache war mir noch nicht wiedergekommen. Wir gingen die alte Steintreppe hinauf, und ich wunderte mich, wie schwer es mir wurde, Stufe um Stufe zu nehmen. Warum, Jenny, warum hat die Trauer denn so einen matten Schritt... Damals habe ich es geahnt, ach, was sage ich, ich hab's gewußt, daß er gegangen sein würde für immer, mein Pferdchen...»

In Jennys Blick lag ein schmerzliches Mitleid. «Annette, du strengst dich zu sehr an, die Erinnerung quält dich zu sehr.»

«Nein, der Schmerz des Erinnerns ist sanft. Wie alles so kam, als ich ihn endlich wiedersah, mit Luise, und sein Auge so fremd und höflich auf mir ruhte, dachte ich: ich hab's die ganze Zeit gewußt. Und dieser Gedanke, ja, der

verletzte scharf und kalt wie der Schnitt einer Klinge.»
Jenny stellte die Vase neben ihre Schwester. Sie legte den
Arm um die gebeugten Schultern der Jüngeren, Wärme
lag in ihrer Geste und auch Trauer. «Du hast ihn geliebt,
Annette, so sehr geliebt?»
Annette sah auf die roten Blumen und sagte langsam: «Er
war das tiefversenkte Blut in meinem Herzen*.»

«Ach Nette...» Jenny wandte sich ab.

«Weine nicht, liebe Seele. Sieh, meine Augen sind
trocken. Das alles ist ja vergangen, verweht, vielleicht
war's gar nicht so. Weißt du, der Schmerz ist in Worte
gegossen worden, in Formen gebracht – und er ist gebän-
digt. Nur in der Nacht, da mache ich ihm manchmal das
Gefängnis auf. Wenn er los ist, wütet er wie ein Herbst-
sturm, der die letzten Blätter abreißt und Äste und Baum
prüft. Ich bin der Baum, ich, Anna Elisabeth Freiin von
Droste-Hülshoff, mit dem Blut westfälischen Adels in
mir, so ein Baum, Jenny, hält stand.»
Annette sah ihre Schwester an, sie versuchte zu lächeln,
es gelang ihr nicht. Der wehe Ausdruck um ihren Mund
erschreckte Jenny. Sie trat an Annettes Stuhl und strich
ihr mit schüchterner Gebärde über das helle Haar.«Wärst
du doch einfach zu mir gekommen, ich hätte dich in die
Arme genommen wie meine Zwillinge, ich hätte dich
trösten mögen wie mein Kind.»

«Dafür gibt es keinen Trost, Jenny. Ich hab geschwie-
gen, und ich hab geschrieben, geschrieben. Worte sind
gekommen wie Engel und haben sich um mich herum-
gestellt, Worte und Reime und Sätze. Und jedes Wort war
an ihn gerichtet, an ihn.»

Wege

«Wie lieb, o Nähe, Ferne, ach wie leid,
wie bald wird Gegenwart Vergangenheit!
Warum hat Trauer denn so matten Schritt,
da doch so leicht die frohe Stunde glitt?»
Annette von Droste-Hülshoff,
Stammbuchblatt an
Henriette von Hohenhausen

Unwillig über die Störung blickte Anna auf. Das junge
Mädchen von der Rezeption stand an unserem Garten-
tisch und sagte: «Sie werden gewünscht. Jemand möchte
Sie sprechen.» Anna wurde bleich und sah mich an.

«Geh, Anna», sagte ich sanft. Sie stand auf und ging
zum Haus. Ich sah ihr nach.
An der Terrassentür stand ein junger Mann. Ich schätzte
ihn auf etwa dreißig. Er stand da, die Hände in die Ta-
schen seiner Jeans gesteckt und sah Anna entgegen mit
einem seltsam intensiven Blick. Anna legte ihm die Arme
um den Hals, und er küßte sie kurz. Dann verschwanden
sie im Haus. Ich saß ganz still da. So ist das also.
Dann nahm ich meine Tasche und ging durch den Garten
hinaus zur Straße. Nun wird wohl die Entscheidung
fallen.
Am Marktplatz sah ich eine Weile den Tauben zu. Die
Spannung in mir legte sich etwas.
Ich ging weiter in Richtung See.
Anna, mach's morgen nicht so wie Annette.
Aber vielleicht kommt es anders, vielleicht hast du auch
Glück, 150 Jahre später als Annette. Ich wünsche es dir,
liebe Freundin.

Es war nicht weit bis zum Ufer. Traurigkeit überkam mich wie das Gefühl einer Niederlage. Was wird er ihr sagen? In Gedanken verloren ging ich die Uferpromenade entlang. Da, die Bank, die wartet gerade auf mich.

Wem könnte Annette damals erzählt haben, wie's ihr ging? Aber sicher konnte sie jahrelang überhaupt nicht darüber reden, ich weiß, wie das ist. Doch diesen Tag hat sie immer wieder durchlebt in ihren Gedanken, diesen hellen Apriltag, den ersten Tag ihrer Verlassenheit.

Ich war zu Tode betrübt. Draußen all das erwachende Leben und bei mir drinnen alles dunkel, so dunkel, als ob das Herz von innen blutete.* Ich lag zusammengerollt wie ein Igel auf meinem alten Kanapee, träumte vor mich hin, spürte noch seine liebe Wärme in meinen Kissen, und damals, ja damals konnte ich weinen auf meinem Sofa vergraben. Ich weinte mich satt, und Jenny richtete nichts aus, die gute Seele verstand nicht, warum ich so verschattet war, oder sie wollte nicht verstehen. Ihr erschrockenes Gesicht, ihre erstaunten, kindlichen Augen! «Nette», sagte sie, «aber Nette, das geht doch nicht.» Sie stand da wie Mama, kerzengerade, und auf dem Hintergrund ihrer liebenden Sorge lag auch die Andeutung einer gerechten Empörung. Diesen Ausdruck kannte ich gut genug aus Jahren; wann immer Mama meinen vollen Taufnamen gebrauchte: Anna Elisabeth, dann ging es, wie jetzt, um die Contenance, Haltung, Anna Elisabeth, Haltung! Ein Freifräulein läßt sich nicht gehen, auch nicht, wenn der liebste Mensch, der Einzige, sich verabschiedet hat – für immer vielleicht, auch nicht, wenn das Herz bricht – das sagt sich so leicht. Haltung gibt Halt, Anna Elisabeth.

Jenny sagte nichts von alledem, zu mir nicht, aber ihre Töchter würden solche Sätze hören, da war ich mir sicher.

Ich wischte meine Tränen ab. Erwartungsgemäß schien sie erleichtert zu sein. «Ich habe Luise Streng eingeladen», sagte sie, «sie macht so gerne Spaziergänge am See, du könntest ihr ein paar schöne Wege zeigen.»

«Nein!» schrie ich, «das tue ich nicht.»

Jenny sah mich bekümmert an.

«Ich fürchte mich vor den alten Wegen am See wie vor dem Tode»*, hörte ich mich flüstern.

Meine Schwester schien schockiert zu sein, aber dann sagte sie sanft: «Dann führ sie andere Wege.»

Manche Wege kann man nicht mehr gehen nach einem Abschied. Bei mir war das auch so. Der erste Weg, den es nicht mehr gab für mich, das war der Staffelweg, der hinter unserer Straße steil hinaufführt zu einer kleinen Aussichtsplattform. Da oben standen wir oft miteinander, es war unser bevorzugter Abendspaziergang, wir sahen auf die grauen Dächer der Stadt, erzählten uns vom Tag und von dem, was er jedem von uns gebracht hatte, und manchmal warteten wir da oben, bis die Straßenlaternen angingen und die Fenster erleuchtet waren. Hand in Hand gingen wir dann zurück.

Nie mehr bin ich dort oben gewesen seit dem Unfall, all die Jahre nicht mehr.

Unsere Ferienorte und Ausflugsziele, sogar manche Cafés und Kinos, die Konzerthalle, die Kirche – sie alle wurden verbotene Orte für mich, kein Weg durfte mich mehr dorthin führen. Und meine Welt engte sich ein.

Ich bin gern zuhause, sagte ich manchmal, wenn mich

jemand mitnehmen wollte. Aber das hat nicht gestimmt.

Was wird Anna nun machen?
Sie hat ja einige Abschiede hinter sich, sagte ich mir zur
Beruhigung, es wird nicht so schlimm sein, es ist keine
neue Lebenssituation für sie.
Aber dann fiel mir ihr offenes Gesicht ein mit dem
Ausdruck von Begeisterung und Verletzlichkeit und ihre
leise Stimme: «Das war Leben und Freude und Nähe
und... ach Uli, einfach Glück, ein Wachsein, ein Aufleben...»
Ich kehrte um und ging ins Hotel zurück. Mein Zimmer
kam mir heute abend karg und fremd vor. Die Stille lag
schwer auf mir. Ich holte meine Zigaretten.
Die letzten Tage mit Anna – und mit Annette? – haben
mir wieder ein Stück vom Glück der Gemeinsamkeit
gezeigt, von der Erleichterung, sich mitteilen zu können.
Ich habe mich so lange abgeschlossen von den anderen,
nur funktioniert mit einem jeweiligen Teil meiner Person: sympathische Kollegin, faire Lehrerin, hilfsbereite
Nachbarin, nette Tante, gute Tochter... und wo war mein
eigentliches Leben geblieben? Ich hörte Annas Stimme
vom ersten Abend hier: «Gelebt hat sie doch auch, oder?»
Habe ich gelebt, wirklich gelebt? Ich nahm meinen
Droste-Gedichtband und las darin. Aber meine Gedanken schweiften immer wieder ab. Mein Beruf, dachte ich,
ist das Wichtigste in meinem Leben. Was also vermisse
ich? Ich bin auch nicht eigentlich einsam. Oft läutet das
Telefon, und ich werde auch gebraucht, ist das nicht
schön?
Ich seufzte. Gebraucht werde ich, aber ich will... was will
ich eigentlich? Und die Antwort lag mir sehr nahe:

geliebt werden will ich, verstanden werden.
Ich blätterte um. Eine Überschrift erregte meine Aufmerksamkeit. «Auch ein Beruf», und ich las:

...

Von keines Herdes Pflicht gebunden,
meint jeder nur, wir seien grad
für sein Bedürfnis nur erfunden,
das hilfsbereite fünfte Rad.
Was hilft es uns, daß frei wir stehen,
auf keines Menschen Hände sehen?
Man zeichnet dennoch uns den Pfad.

Wo dicht die Bäume sich verzweigen
und um den schlanken Stamm hinab
sich tausend Nachbaräste neigen,
da schreitet schnell der Wanderstab.
Doch drüben sieh die einzle Linde,
ein jeder schreibt in ihre Rinde,
und jeder bricht ein Zweiglein ab.

...

So hast du das auch gekannt, Annette aus dem vorigen Jahrhundert, und warst dabei noch viel weniger frei als ich. Ich habe viel mehr Möglichkeiten. Die Frage ist nur, warum ich sie so wenig nutze. Ich zerknüllte die leere Zigarettenpackung. Rauchen, fernsehen, essen, und vor dem Schlafengehen der notwendige Drink! Soll das Leben sein? Jemand muß mir da raushelfen, dachte ich verzweifelt. Anna? Annette? Ich trat vor den Spiegel. «Vor allem du selber, Ulrike», sagte ich laut, «hörst du, du selber.»
Ich zerdrückte die erst halb gerauchte Zigarette im Aschenbecher und machte das Fenster weit auf.

Weitergehen

«Mir war, als müsse etwas Rechnung geben,
als stehe zagend ein verlornes Leben,
als stehe ein verkümmert Herz allein.»

Annette von Droste-Hülshoff
«Mondesaufgang»

Der Morgen war frisch und kühl, ich hörte, wie ab und zu ein Windstoß einen Laden klappern ließ und horchte auf das Rauschen der windbewegten Bäume vor meinem Fenster.

Morgen müssen wir zurückfahren, dann ist wieder alles beim alten. Ich sprang aus dem Bett. «Nein», sagte ich laut, «das mache ich nicht länger mit. Es soll und muß anders werden.»

Im Badezimmer mein Gesicht im Spiegel. Jeden Morgen sagt es seinen üblichen Morgengruß zu mir: ich bin allein. Aber heute nicht. Es sah mich nur an, und ich registrierte die bleiche Haut und die schweren Augenlider. Ich lächelte dem Gesicht zu. Es sah gleich ganz anders aus, zugänglicher. Ich streckte das Kinn in die Höhe und machte die Augen weiter auf. Der wehleidige Zug um den Mund verschwand. «Ich, Ulrike», sagte ich laut.

Beim Frühstück saß ich allein an unserem Tisch. Ich frühstückte langsam und genoß die frischen duftenden Brötchen und den heißen starken Kaffee. Vielleicht kaufe ich mir auch mal ein silbernes Kaffeekännchen, dachte ich, und ein Anflug von Übermut machte mich kräftig.

Anna war nicht zu sehen. Ich ging aus dem Haus und suchte eine Buchhandlung. Wirklich, sie hatten es vorrätig, was ich wollte, einen Gedichtband von Annette von

Droste-Hülshoff. Draußen setzte ich mich auf eine Mauer, holte meinen Stift aus der Tasche und schrieb auf die erste Seite: «Meiner lieben Freundin Anna mit Dank für zauberhafte Tage in Meersburg.»

Langsam ging ich zurück. Ihr Schlüssel hing an der Rezeption. Also war sie gegangen. Doch nicht abgereist? Der Schreck machte mir weiche Knie. Aber dann sagte ich mir: das würde sie nie tun, mich so einfach sitzenlassen. Im Fach war auch kein Zettel.

Ich trat wieder ins Freie und schlug den Weg in Richtung Burg ein. Hier sind wir am ersten Tag entlanggeschlendert, plaudernd, lächelnd, unsere Eistüten in der Hand und sanfte Gitarrenklänge im Ohr.

Heute vormittag war es noch still. Ich stieg die breiten Treppen zum Neuen Schloß hinauf, auf die Aussichtsplattform.

Anna sah mich nicht.

Sie stand an der Mauer und schaute auf den See, der Wind verwehte ihr blondes Haar und bauschte ihren langen weiten Rock. Sie stand ganz still da, wie versunken in den Anblick der graugrünen Wasserflut. Um ihre Gestalt war ein Hauch von Einsamkeit, aber auch von Würde.

Ich wandte mich unauffällig zurück und ging die Treppe wieder hinunter.

Im Hotel setzte ich mich in einen der tiefen Sessel der Eingangshalle und las in der Gäste-Information.

Was soll ich ihr sagen, wenn sie kommt? Wie soll ich mich verhalten?

Ach was, ich lasse es einfach auf mich zukommen.

Ein sehr lohnendes Ausflugsziel, las ich, ist die Blumeninsel Mainau. Dank des günstigen Klimas gedeiht hier eine subtropische Pflanzenwelt wie Palmen, Zitronen-, Orangen- und Mandelbäume... Meine Gedanken schweiften ab. Ich erinnerte mich, daß Annette einmal geschrieben hat, dieses Klima sei ihr das einzig zuträgliche. Sie war auch eine zarte Pflanze, nicht geschaffen für das rauhe Klima des Lebens. Und so ist sie denn auch, mitten in diesem milden Bodenseeklima, langsam zugrundegegangen, einfach verwelkt. Nach Levins Abreise hat es noch sechs Jahre gedauert, dann ist sie gestorben.

Sie war sowieso kränklich, hatte ich an dem ersten Abend zu Anna gesagt. Aber jetzt, glaube ich, kann ich es mir besser vorstellen, dieses matte Hinsinken, dieses langsame Verlöschen.

Tagelang verließ sie ihre Räume nicht auf der Meersburg, dann wieder war sie den ganzen Tag draußen, ohne es gesagt zu haben und versetzte Jenny in Aufregung.

«Komm, Annette, wir alle miteinander machen einen Ausflug, komm, steh auf, Liebe.»

Und was tat sie? Mit wundem Herzen erlebte sie all die Schönheit, und sie schrieb, an Levin schrieb sie, und das war für sie das Schönste an diesem Tag.

«Wir fuhren nach Langenargen, acht Stunden von Meersburg. Wie habe ich an Dich gedacht, altes Herz, wie hundertmal habe ich Dich hergewünscht! Da hättest Du erst erfahren, was ein echtromantischer Punkt am Bodensee ist... Lieber Himmel, warum habe ich einen so schönen Tag ohne Dich genießen müssen! Ich habe immer, immer an Dich gedacht, und je schöner es war, je betrübter wurde ich, daß Du nicht neben mir standest und ich Deine gute Hand fassen konnte und zeigen Dir – hierhin – dorthin — Levin, Du bist ein Schlingel und hast mir

meine Seele gestohlen; Gott gebe, daß Du sie gut be-
wahrst!» *
Von Briefen kann man nicht leben, Annette. Du konntest
es ja auch nicht.

Anna trat zur Tür herein. Ruhig kam sie auf mich zu und
sagte: «Ich bin nun wieder alleine.»
   «Anna», murmelte ich, «Anna...»
   «Laß nur, Ulrike», sagte sie still, «wir haben's doch
gewußt, du und ich.»
   «Komm, Anna, wir machen einen Ausflug...», ich
stockte.
Sie nickte. «Ja, warum nicht.»
   «Da gibt es eine Wallfahrtskirche», sagte ich unschlüs-
sig, «ich meine, vielleicht wäre das schön, oder wohin
willst du lieber...»
   «Doch, ja, Wallfahrtskirche, warum nicht.» Anna mach-
te einen abwesenden Eindruck.
   «Gut, dann hole ich den Wagen», sagte ich rasch.
Auf der Fahrt sprachen wir nicht. Anna saß reglos da, die
Hände ineinander geschlungen.
   «Da, Anna, siehst du, das ist die Kirche von Birnau, sie
gilt als die schönste Barockkirche des Bodenseeraums.»
Anna nickte. Wir stiegen aus.
Hoch ragte die Kirche empor, in herrlicher Lage über
dem Bodensee, mitten in dieser spätsommerlich milden
Landschaft. Wir gingen hinein und setzten uns auf eine
Bank. Der Reichtum von Bildern und Gold und Schmuck
rief eine staunende Bewunderung in mir hervor, diese
leichte Helligkeit, diese heitere Verschwendung!
   «Der wahre Reichtum», sagte ich halb spöttisch zu Anna.
Aber sie nickte: «Des Lebens ganze Fülle.»

Nun erst bemerkte ich die leise Orgelmusik, wohl aus einer Musikkassette.

Ich sah Anna vorsichtig von der Seite an. Sie hatte die Augen geschlossen.

Ich stand auf und ging langsam nach vorne, betrachtete die Altäre und hielt mich absichtlich lang auf. Als ich zu ihr zurückkam, sah sie mir entgegen. «Laß mich noch eine Weile hier sitzen, Uli.»

«Ich warte draußen», antwortete ich. An der Tür schaute ich noch einmal zu ihr, sah ihren gesenkten Kopf, ihre einsame Gestalt. Da ging ich ein paar Schritte zurück, nahm eine Kerze und legte das Geld dafür ein. Für dich, Anna, dachte ich, als ich die Kerze entzündete und in einen Halter steckte zu den vielen anderen, die mit ihrem flackernden Licht niederbrannten, Zeichen unzähliger Gebete, Bitten um Hilfe, um Schutz. «Schütze Anna», sagte ich unhörbar vor mich hin, «schütze sie und hilf ihr heraus.» Eine wohltuende Ruhe kam über mich, ich schaute in die Lichter, Annas Licht stand noch hoch neben den anderen. Ich hing dem Gedanken nach, ob wohl schon jemand auch für mich in einer Kirche eine Kerze angezündet hat.

«Komm, Ulrike.» Anna war neben mich getreten. Eine große Gefaßtheit lag in ihren Gesichtszügen. Sie sah mich an und sagte leise: «Danke, liebe Freundin.» Zusammen gingen wir hinaus.

Es war warm, leichter Wind ließ die Blätter der Bäume rascheln, wir gingen langsam nebeneinander den Weg entlang, weit, einen alten Pfad, das Gras an den Rändern stand gelb und trocken.

«Er sagte, die Zeit mit mir sei schön gewesen, aber er könne nicht bleiben, sich nicht festlegen, und es dränge ihn weiter», sagte Anna bedächtig.

«Ich muß wohl einem anderen Ruf des Lebens folgen...», zitierte ich.

«Ja, genau so, Ulrike. Erzähl mir, was hat sie, Annette, damals gemacht – als er gegangen war?»

«Sie? – versank in Traurigkeit, sie ließ die Zeit verstreichen, sie dachte eigentlich bloß an ihn, saß da... »
Anna verstand mich sofort. Ihr wacher Blick, ihr bewegtes Gesicht!

«Das wird bei mir nie so sein, Uli, das mußt du nicht fürchten.» Sie sah mich aufmerksam an. «Aber du hast es so gemacht, nicht?»
Ich nickte.

«Aber die Arbeit, was war mit der Arbeit? Sie war doch Dichterin.»

«Die Dichterin», sagte ich, «die Dichterin hat geschrieben, ja, wunderschöne melancholische Sachen. Und sie hat sie ihm geschickt mit ihren Briefen, und er verhandelte mit einem bekannten Verleger und hatte Erfolg, und ihre Gedichte erschienen und gefielen, und sie wurde bekannt. Die Dichterin Annette von Droste-Hülshoff wurde zum Begriff.»
Anna wurde lebhaft. «Das freut mich für sie. Das konnte ihr doch Lebensinhalt sein.»
Ich schüttelte den Kopf. «Nicht lange, Anna, nicht lange. Die Dichterin war zu dieser Zeit schwächer als die Frau, die sich mit allen Fasern nach ihrem Liebsten gesehnt hat. Siehst du, sie hat doch nur für ihn geschrieben, ihm alles geschickt und gewartet, auf Briefe, und – immer noch – auf seine Rückkehr.
Gefällt dir dieses Gedicht? Es atmet Sehnsucht und Erwartung, und im Hintergrund wartet schon Enttäuschung.

Locke und Lied
Meine Lieder sandte ich dir,
meines Herzens strömende Quellen,
deine Locke sandtest du mir,
deines Hauptes ringelnde Wellen;
Hauptes Welle und Herzens Flut,
sie zogen einander vorüber;
haben sie nicht im Kusse geruht?
Schoß nicht ein Leuchten darüber?

Und du klagstest: verblichen sei
die Farbe der wandernden Zeichen;
scheiden tut weh, mein Liebchen, ei,
die Scheidenden dürfen erbleichen...

Erschrocken hielt ich inne und sah Anna an. Ihr Gesicht
war ruhig.

«Sie hoffte auf seine Rückkehr», sagte ich, «und sie
war sich völlig sicher, daß – was immer auch geschehen
würde – sie Freunde bleiben würden. Im selben Jahr
kehrte sie ins Rüschhaus zurück, du erinnerst dich, in ihr
Schneckenhäuschen.»

«Dorthin wäre ich nie zurückgegangen», sagte Anna
fest, «alle Erinnerungen dieses Ortes wieder und wieder
durchleben... nein danke. Ein Ortswechsel ist da das
einzig richtige.»

«Wohin hätte sie denn gehen sollen, ohne Beruf, ohne
soziale Sicherung.»
Sie sah mich erschrocken an.

«Du hast recht, mein Gott, welche Ausweglosigkeit!
Und er hat nicht so oft und lange geschrieben wie sie,
nicht wahr?»

«Nein», sagte ich, «da war von Anfang an ein Ungleichgewicht. Zuerst schrieb er noch in warmen Worten, voll Sehnsucht, und man spürt die alte Zuneigung. Einmal schrieb er : 'Aber konntest du nicht in so langer Zeit mir durch irgend jemand Nachricht geben von deinem Befinden und daß du mich nicht vergessen hast? Weißt du nicht, wie sehr ich mich nach einem Briefe von dir sehne?'* Aber bald wurde der Ton in seinen Briefen kühler. Sie hatte ihm befohlen, nicht mehr Du zu schreiben, aus Vorsicht, und vielleicht war ihm das ganz recht. Sie aber spürte, daß er ihr immer mehr entglitt, und ihre Arbeit litt darunter. Und immer wieder erlag sie der Schwäche, der Lethargie, der Krankheit. Die Quellen ihres Herzens sprudelten nicht mehr. Die Dichterin wurde matt.»

«Ihre Depressionen?» fragte Anna.

«Ja. Sie spürte das Zuendegehen, und sie wurde krank, fiel einfach immer tiefer in schwere Gedanken, wie in früheren Zeiten, genauso. Die Mutter schrieb an Jenny: 'Nette... ist in dieser Zeit wirklich recht fatal gewesen, und eigentlich erst seit fünf Tagen so weit besser, daß sie aus dem Zimmer geht, acht Tage war es so arg mit ihr, daß sie wieder ganz in ihre ehemaligen Flausen verfiel, vom Starrkrampf und lebendig begraben sprach, und ... mich ganz zur Verzweiflung brachte... *»

Zweifel

«Meint ihr, das Wetter zünde nicht?
Meint ihr, der Sturm erschüttre nicht?
Meint ihr, die Träne brenne nicht?
Meint ihr, die Dornen stechen nicht?»
Annette v.Droste-Hülshoff,
«Der Dichter»

«Stell dir vor, Anna, sie sitzt auf ihrem alten schwarzen
Kanapee, rings um sie die Stille der westfälischen Landschaft und in ihr die Gedanken und bohrenden Fragen,
immer und immer wieder...»

In meinem Zimmer die Bücher auf dem Tisch, noch wie
von seiner Hand hingelegt, mein Sofa mit den Kissen –
hier sehe ich noch seinen hellen Kopf gelehnt. Wenn ich
die Augen schließe, ist mir, als hörte ich gleich seine
Stimme, diesen dunkelwarmen Klang, der stets an meine
Seele gerührt hat. Und ich lese in seinen Briefen und
betrachte die Steine und Muscheln, die er für mich
gesammelt hat, und die Zeit verrinnt.

Und willst du wissen, warum
so sinnend ich manche Zeit,
mitunter so töricht und dumm,
so unverzeihlich zerstreut,
willst wissen auch ohne Gnade,
was denn so Liebes enthält
die heimlich verschlossene Lade,
an die ich mich öfters gestellt?

Zwei Augen hab ich gesehn,
wie der Strahl im Gewässer sich bricht,
und wo zwei Augen nur stehn,
da denke ich an ihr Licht.
Ja, als du neulich entwandtest
die Blume vom blühenden Rain
und «Oculus Christi» sie nanntest,
da fielen d i e Augen mir ein.

Auch gibt's einer Stimme Ton,
tief, zitternd, wie Hornes Hall,
die tut's mir völlig zum Hohn,
sie folget mir überall.
Als jüngst im flimmernden Saale
mich quälte der Geigen Gegell,
da hört ich mit einem Male
d i e Stimme im Violoncell.

Auch weiß ich eine Gestalt,
so leicht und kräftig zugleich,
die schreitet vor mir im Wald
und gleitet über den Teich;
ja, als ich eben in Sinnen
sah über des Mondes Aug'
einen Wolkenstreifen zerrinnen,
das war ihre Form, wie ein Rauch.

Und höre, höre zuletzt,
dort liegt, da drinnen im Schrein,
ein Tuch, mit Blute genetzt,
das legte ich heimlich hinein.

Er ritzte sich nur an der Schneide,
als Beeren vom Strauch er mir hieb,
nun hab ich sie alle beide,
sein Blut und meine brennende Lieb. *

Und in all die lieben Erinnerungen mischt sich die Unruhe, ein Zagen aus dem Herzen heraus, ein angstvolles Fragen: Und Levin? Vermißt er mich auch? Denkt er noch an die Stunden der tiefen Übereinstimmung, an unsere Gespräche, an unser gemeinsames Suchen und Wortefinden und Formulieren, Komponieren... Sucht seine Seele noch die meine? Ach Levin. Wo ich auch bin, ich spüre deine liebe Gegenwart. Und die Sehnsucht nimmt überhand und die Angst auch, die Angst, dich zu verlieren.

«Ich werde leider täglich mehr zur Fledermaus, zwischen Licht und Dämmerung, das ist meine rechte Zeit und übrigens... ich möchte immer, wie ein travestirter Hamlet, sagen: Träumen, träumen! vielleicht auch – schlafen.»*
So hab ich an eine Freundin geschrieben. Mit dem Schlafen geht es aber nicht sehr gut, denn ich weiß: ich muß überlegen, ordnen, sichten, beurteilen. Gedanken tauchen aus Gedanken auf, weisen hierhin und dorthin, hier, Annette, das hast du vergessen, dort, das ist eine Spur, denke nach, denke. Glasklare Gedankenarbeit muß ich tun, nur keine Grübelei und – um Gottes Willen – kein Schwärmen. Levin ist jung, er wird sich in eine andere verlieben. Nun gut, damit muß ich rechnen. Doch schwer ist mir das Herz darüber, schwer. Ich gab ihn frei, und er hat das Geschenk angenommen. Wir waren offen zueinander. So sehr ist er in meinem Herzen, daß das Größte für

162

mich immer sein wird, ihn glücklich zu wissen. Es war schön, für kurze, ach wie kurze Zeit, ihn in meinen Armen zu halten. Aber unsere Freundschaft, Levin, die ist stark und innig, die bleibt, die kann doch nur bleiben, nicht, mein Zwilling? Unsere Seelen bleiben einander nah, das kann nicht anders sein, du hast es mir doch geschrieben. Und unser gemeinsames Leben, Levin, du Partner, mein Dioskur, mein zweites Ich, mein Kritiker und Lehrer und Schüler und collega – das bleibt uns doch, nicht wahr, das kann nicht vergangen sein? Als wolle ich mich selbst überzeugen, rede ich. Doch ich weiß es, ich weiß es: so eine Seelen- und Geistesfreundschaft, die ist ewig, wenn schon die Liebe es nicht ist. Die Treue, Levin, darf nicht vergehen. Die Treue steht wie ein Berg – fest, unverrückbar, hoch. Steig mit mir hinauf zum Gletscher ernster Treue, Levin. In dieser reinen Luft da oben wissen wir, daß wir Freunde sind und es bleiben.
Ich nahm ein herumliegendes Papier und schrieb, bis die Dämmerung auf das Blatt fiel.

Halt fest den Freund, den einmal du erworben,
er läßt dir keine Gaben für das Neue;
läßt, wie das Haus, in dem ein Leib gestorben,
unrein das Herz, wo modert eine Treue;
meinst du, dein sei der Hände Druck, der Strahl
des eignen Auges arglos und voll Liebe?
Drückst du zum zweiten-, blickst zum zweitenmal,
die Frucht ist fleckig und der Spiegel trübe.*

Dieses Gedicht schickte ich ihm aber nicht. Etwas anderes lag in dem Päckchen, das er von mir bekam – «zum Nikolaustag» hatte ich geschrieben, um dem Geschenk etwas Leichtes zu geben, denn ich schenkte ihm etwas, was eine Frau einem Mann wohl nicht schenken soll. Aber bei uns beiden war ja nie etwas nach der Konvention gegangen, so kam es auf dieses weitere Mal wohl nicht an, dachte ich. Und ich habe es getan: Ich schickte ihm einen Ring mit der Aufschrift «Toujours sincère», immer treu. Levin sollte mir in der Freundschaft treu bleiben, wollte ich ihm damit sagen, wenn schon die Liebe nicht bleiben kann.

Ich weiß nicht, ob er den Ring je getragen hat.

Anna sah auf. «Hat er ihn getragen, was meinst du?»

«Ich glaube es nicht», antwortete ich langsam. «Ich denke, es war für ihn wie ein Ring, den man einem Falken zur Zähmung anlegt. Er war dabei, auf und davon zu fliegen. Nein, er wollte keine Fessel mehr, er wollte nicht zurück zu ihr. Sie aber wartete, und das Jahr ging vorbei, und wieder war es Frühling.

Und dann kam der Brief, in dem stand, was sie nur geahnt, nicht gewußt hatte und was sie in Krankheit hatte fallen lassen. Andeutungen gab es schon vorher in seinen Briefen, fast in jedem Brief war ja ein Stein gewesen, an dem sie sich stieß. Ich sehe sie da sitzen, die Sonne scheint zum Fenster herein, und das Blatt zittert in ihrer Hand.»

Dieser Brief, nie vergessen kann ich den Tag, als dieser Brief kam. Ein überschwenglicher Brief, Levin schrieb mir von seiner Verlobung mit Luise von Gall. «Seit vier Tagen bin ich hier – und eines jener verwunderlichen Geschöpfe, welche man 'Bräutigam' nennt! Mein Mütterchen, mein herziges, gutes, liebes, mein ewiges Mütterchen, was sagst Du dazu?»*

Ich war wie vor den Kopf geschlagen, ich las und las noch einmal, und seine schwärmerischen Worte waren wie ein schriller Mißklang in meinen Ohren, wie schön, wie reizend sie sei, sein Staatsmädel – das war sein trivialer Ausdruck – sein Hühnchen.Und dann traf mich der Schmerz wie ein Schlag von seiner Hand in dem Satz, der sich meinem Herzen eingebrannt hat für immer: «... bei alledem ist sie so mein treues, süßes Lieb, daß ich's gar nicht begreife – in einigen Dingen habe ich doch rasendes Glück – wie ich in dieser Brust, die früher nie geliebt, mit dem Mosestab die Quelle eines Gefühls habe sprudeln machen können, das mich so unmaßen glücklich macht...ich weiß... daß niemand wie Luise zu mir paßt.»*

Levin, von wem redest du? Bist du denn derjenige, der «früher nie geliebt», weißt du, was du mir tust? Und ich versank in die Krankheit wie in das Moor, langsam, stetig, ich wurde hinabgezogen in Schmerzen und Schwäche. Meine Kopfschmerzen, die wirren Träume, die Enge in der Brust, das Herzrasen. Krank war ich, lebensschwach, müde, sehr müde.

Anna sah erschöpft aus. Ihre Stimme hatte einen müden Klang: «Aber sie blieben doch befreundet, Uli, nicht? Sie haben sich doch jahrelang geschrieben.»
Ich zögerte. «Ja, sicher, und sie schickte ihm weiterhin ihre Gedichte, und er korrigierte sie, und er verhandelte mit dem Verleger und machte die ganze Öffentlichkeitsarbeit für sie, er schrieb Kritiken über ihre Werke und später ein Lebensbild, eine Biographie über sie.»
  «Da war sie doch schon gestorben», sagte Anna unwillig. «Aber ich meinte etwas anderes. Hat ihre Seelenfreundschaft gedauert?»

Ich sah Anna nicht an. «Er hat sie besucht zusammen mit seiner Frau, und sie ist Patin des ersten Kindes geworden, und sie schrieben einander noch einige Zeit, bis der Briefwechsel abbrach...» Ich verstummte.

«Du weichst der Frage aus, Ulrike, weil du mir nicht wehtun willst. Die arme Anna, denkst du, sie wird es ja bald genug erfahren, daß mit der Liebe auch die Freundschaft vergeht. Gib's zu, das ist es doch, was du meinst.» Ich wußte nichts zu sagen.

«Ich will keine Verschleierungen», sagte Anna heftig. «Jetzt erzähl, wie es in Wirklichkeit war, und denk nicht dauernd, du könntest mich schonen.»

«Es ist doch bei jedem anders», begann ich.
Anna wischte meinen schwachen Einwand beiseite. «Das weiß ich. Und nach dieser klugen Vorbemerkung kannst du jetzt anfangen.»

Entzauberung

«Mein Talent steigt und stirbt mit deiner Liebe.»
Annette von Droste-Hülshoff
an Levin Schücking

Therese Freifrau von Droste-Hülshoff saß in ihrem Salon im Rüschhaus und schrieb an einem Brief. Durch das offene Fenster wehte der Geruch von frischem Heu herein. Die gewohnte ländliche Stille verursachte ihr heute ein zusätzliches Gefühl der Unruhe. Sie legte den Federhalter hin und trat ans Fenster. Annette stand vor dem Blumenbeet. Ein schönes Bild der Versonnenheit, dachte die Freifrau, da steht sie, den Kopf gesenkt und die Hände ineinandergelegt. Aber sie steht schon eine Viertelstunde so, regungslos vor den bunten Blumen, das ist es, was mich beunruhigt. Sie seufzte, ging zum Tisch zurück und schrieb weiter: «Ich bin in Sorge, Jenny, daß alles wieder so anfängt, wie es im Frühjahr war. In den letzten Tagen tut sie rein gar nichts, und es beruhigt mich überhaupt nicht, daß du schriebst: Nette ist und bleibt eine faule Hexe. Nein, Jenny, nein. Mir scheint, es ist die Ruhe vor dem Sturm. Dabei waren die letzten Wochen wirklich eine gute Zeit, sie hat alle ihre Gedichte durchgemustert, die in Meersburg verfertigten und die später hier gemachten, um sie zum Druck fertig zu machen; es sind wirklich sehr schöne Sachen darunter.* Aber jetzt scheint sie wieder alles Interesse daran verloren zu haben. Liebste Jenny, ja, ich möchte gern zu Euch auf die Meersburg kommen, aber nicht ohne Nette. Wenn ich daran denke, daß sie den kommenden Winter wieder hier in dieser Einsamkeit verbringen sollte, wird mir angst.

Bitte, rede du ihr gut zu...»

Die Freifrau ging wieder zum Fenster. Annette stand immer noch bei den Blumen. Es ist dieser Schücking, dachte die Mutter voll Zorn, wie teuer soll sie denn dieses Wintermärchen noch bezahlen!

Und ihre Gedanken gingen zurück in dieses vergangene Frühjahr, diese überschattete Zeit. Annette, die sich ganze Tage einschloß, auch auf dringendes Bitten und Klopfen keine Antwort gab.

Ich sehe mich noch da stehen vor ihrer Tür, höre meine bittende Stimme: «Mach auf, hörst du, mach deiner Mutter auf.» Sie aber schwieg. Und die erstaunten, mitleidigen, neugierigen Blicke der Mägde!

Bis dann die Alte kam, ihre Amme, der machte sie die Tür auf. Die saß stundenlang an ihrem Bett, ohne ein Wort, saß nur da in ihrem Stuhl und legte ab und zu ihre alte zitternde Hand auf Nettes Arm. Alte Katharina! Du warst ihr eine kreatürliche, erdgebundene Mutter, der bergende Schoß, die Urgeborgenheit. Ich habe das nie gekonnt, und erst nach ihrer zerbrochenen Jugendliebe sind wir beide uns als Mutter und Tochter nähergekommen. Du Alte, wie hab ich dich beneidet! Und war so froh, daß du da warst.

Die alte Freifrau ging noch einmal zum Fenster. Annette stand immer noch vor den Beeten. Aber jetzt hob sie den Kopf, als hätte sie den Blick ihrer Mutter gespürt. Die Freifrau zögerte, dann hob sie den Arm und winkte. Sie beugte sich vor und rief mit ihrer klingenden, beherrschten Stimme: «Annette, kommst du?» Ihre Tochter nickte.

Anna sah mich nachdenklich an. «Du verstehst sie gut, Ulrike.»

168

«Zu gut vielleicht», sagte ich langsam. «Anna, ich bejahe es nicht, dieses Hinsinken in Trauer, glaub mir, ich finde es schwach und nutzlos und unklug, aber: ja, ich verstehe es. Doch nun laß mich weitererzählen.»

Annette setzte sich in den zierlichen Sessel neben dem Tischchen.

«Annette», sagte die Mutter, «ich weiß, daß Herr Schücking nicht zufällig auf der Meersburg war im vorletzten Winter. Ihr wart...», sie zögerte und sagte dann mit Überwindung: «Ihr wart ein...nun ja... Liebespaar.»

Annette hob den Blick. «Ich wußte nicht, Mutter...»

«Ach Kind», die Freifrau seufzte, «du hast dir viel Mühe gegeben, die Tatsachen zu verschleiern und hast es uns dadurch leicht gemacht, den Schein zu wahren, aber...ja, ich konnte mir denken, daß...»

«Nie hast du mir Vorwürfe gemacht, Mutter» unterbrach Annette verwundert.

Die Freifrau machte eine müde Handbewegung. «Für dich, Annette, hab ich die Augen verschlossen! Aber nie habe ich dies alles bejaht, hörst du, nie!»

«Das weiß ich doch, Mutter.» Gedankenlos hob Annette ein chinesisches Lackkästchen vom Tisch und klappte den Deckel auf und zu. Dann sagte sie in plötzlichem Entschluß: «Mutter, Levin teilte mir seine Verlobung mit. Er wird bald heiraten. Seine Frau ist Schriftstellerin, ein Jahr jünger als er...»

Die Mutter hielt den Atem an, dann sagte sie leise: «Ich habe es kommen sehen.»

Mitleid und Zorn und ein unerwartetes Gefühl von Erleichterung erfüllten sie.

«Ich auch, Mama. Aber ich hätte ihn gerne noch behalten, doch er mußte seinem eigenen Gesetz folgen.»

Die alte Frau sah sie an, und als sie sprach, verriet ihre Stimme, daß sie um Fassung und Ruhe kämpfen mußte.

«Er ist jung, ehrgeizig – und er ist klein von Gemüt. Nette, er ist viel kleiner als du.»

Annette schüttelte den Kopf. «Ach nein, Mama, er ist nicht klein. Doch erträgt er es nicht, ohne den Beifall seiner Welt zu leben. Und ich weiß, er hat mich nie so geliebt wie ich ihn.»

Die Mutter legte ihre Hand auf Annettes Hand. «Du nimmst zu vieles auf dich, Nette. Warum war dir kein normales Schicksal beschieden, dir mit deinen geringen Kräften! Kind, ich habe dich geboren, ein Kleinwürmchen warst du, lebensschwach.»

«Vielleicht bin ich so geblieben, zu schwach zum Leben.»

Die Mutter sah sie nachdenklich an. «Dein Körper, Liebste, ist ein zerbrechliches zartes Gefäß, zu schwach für dein unbändiges Wesen. Du hast etwas Wildes, Ungebärdiges in dir, das ließ sich auch von mir nicht zähmen. Tochter, Fleisch von meinem Fleisch, es darf aber keine starken Frauen geben.»

«Du bist doch eine starke Frau, Mutter.»

Therese von Droste-Hülshoff richtete sich auf. «In meinem Rahmen, Kind, streng in meiner Form. Sonst hätte ich nicht leben können. Und zum Glück war ich keine Dichterin. Dieses Schreiben war nicht gut für dich. Und doch, manches jagt mir einen Schauer über den Rücken, so wahr ist es, so dichtes Leben. Aber das geht nicht, Nette.»

«Bitte, nenn mich nicht so!»

Die alte Freifrau nahm beide Hände ihrer Tochter mit

festem Griff. «Anna Elisabeth, geliebte Annette, steh auf, laß den Kleinen, den Schönen!»

Annette senkte den Kopf.« Aber ich wurzele in ihm wie im Erdreich. Ohne ihn sterbe ich ab.»

«Annette, hör auf, das sind schlimme Töne, mein Gott, ich kann es nicht ertragen! Bist du denn von allen guten Geistern verlassen?»

«Ja, Mama, so fühle ich mich oft», sagte Annette, und ihr Gesicht sah sehr verletzlich aus, «von allen guten Geistern verlassen.»

Träume

«Seh deine Flagge ich so fern
und träumerisch von Duft umflossen,
vergessen möcht ich dann so gern,
daß sich mein Horizont geschlossen,
vergessen, daß mein Abend kam,
mein Licht verzittert' Funk' an Funken,
daß Zeit mir längst die Flagge nahm
und meine Segel längst gesunken...»
Annette von Droste-Hülshoff
«An Philippa»

Anna blieb stehen. «Komm, Uli», sie deutete auf eine Bank, «da setzen wir uns hin. Meine Füße tun weh, ich hab die falschen Schuhe an.»
Wir setzten uns dicht nebeneinander.

«Weißt du, daß ich jetzt hier bin und nicht allein bin, daß du da bist... du weißt gar nicht, wie gut das ist!»
Ihre stockende leise Stimme rührte mich. «Ich kann dir ja nicht helfen», sagte ich.

«Doch, Uli. Du hilfst mir wirklich, du weißt nicht, wie sehr. Und jetzt darfst einmal du zuhören, jetzt erzähl ich weiter.»

Annette und die Mama reisten also wieder nach Süden. Aber sie reisten nicht allein. Annettes Freundin, Elise Rüdiger, hatte sich ganz kurzfristig entschlossen, mitzufahren.
Als sie in der Meersburg ankamen, es war der 3. Oktober 1843, genau zwei Jahre, nachdem Levin über die Zugbrücke zu ihr gekommen war, stand Jenny am Tor und

umarmte alle drei, Mutter, Schwester und Freundin, und rief: «Gott sei Dank, daß ihr da seid, ich hab mich so nach euch gesehnt!»

Annette sah sich vorsichtig um. Sie hatte Angst gehabt, ob nicht Levins Gegenwart überall spürbar sein würde, als schmerzliche Lücke gefühlt; aber es war nun ganz anders. Eine Ruhe überkam sie, ein Gestilltsein, und sie sagte laut: «Hier bin ich daheim.» Jenny errötete vor Freude und führte sie ins Speisezimmer, wo sie einen kleinen Imbiss zum Empfang hatte herrichten lassen.

«Als wäre ich nicht fortgewesen, Jenny», ein Lächeln lag auf Annettes Gesicht. «Alles immer noch so, als wär's gestern gewesen: das kleine Kanapee am Ofen, unter dem die Lachtauben gurren, das Klavier, und das sind ja meine Notenblätter! Haben die ein Jahr lang Rast hier gehalten? Laßbergs Nolimetangere-Winkel, und, o Elise, sieh doch, die alte Uhr auf dem Schreibtisch, die immer zwölf schlägt. Ich glaube, die Zeit ist hier stillgestanden.»*

Annette umarmte ihre Schwester noch einmal. «Aber ich bin eine andere geworden, Jenny», sagte sie leise zu ihr.

Elise, die Freundin. Sie war da. Sicher war sie sich nicht bewußt, was ihre Gegenwart für mich bedeutete.

«Elise», sagte ich einmal zu ihr, «du bist der gute Geist, der mich schützt.»

Elise lachte. «Ich bin kein Geist», sagte sie laut, «ich bin von Fleisch und Blut, und ich habe Lust auf Trauben. Meinst du, die blauen sind schon reif genug? Komm, wir gehen hinaus.» Sie zog mich hoch und nahm mich mit und gab mir von ihrer Kraft und ihrer Lebenslust.

«Was schreibst du», fragte sie einmal und schaute mir über die Schulter, «ein neues Gedicht?» Sie las es laut:

Du weißt es lange wohl, wie wert du mir,
was sollt ich es nicht froh und offen tragen,
ein Lieben, das so frischer Ranken Zier
um meinen kranken Lebensbaum geschlagen?*

«Wie schön», sagte sie weich, «und wen meinst du damit?»

Ich nahm ihr das Blatt aus der Hand, schrieb darüber: «An Elise» und zeigte es ihr. Ich sah, wie sie sich freute.

Ja, es waren gute Tage mit Elise.

Beim Abschied flüsterte sie mir ins Ohr: «Denk daran, was du mir versprochen hast, daß du stark bist und alles tust, wozu du Lust hast.»

Ich lachte und winkte. Ach Elise, wie gut, daß ich dich zur Freundin habe!

Vielleicht habe ich es indirekt Elise zu verdanken, daß ich an jenem 12. November den Mut fand, hinaufzusteigen in die Weinberge zur Versteigerung des Fürstenhäuschens. Ich, die ich nie zuvor ein Geschäft abgewickelt habe, setzte mich zwischen die honorigen Männer, Bauern und Kaufleute aus Meersburg und Umgebung und ersteigerte mir das Kleinod von einem Honorar, das ich noch nicht einmal in Händen hatte. Wie träumend stieg ich herunter. Und es war ja auch ein Traum, der mir ein Zeichen gegeben hatte.

«Ein Traum, Anna? Wieso ein Traum?»

Sie lächelte. «Sei still und warte. Sie hatte viele Träume, das weißt du, und manches hat sie geträumt, das später eingetroffen ist.»

In der Nacht hatte ich Levin gesehen. Sein Gesicht war

174

ganz nahe. «Levin», rief ich, «Liebster, ein Haus für dich und mich, ich finde eines, hörst du?» Er nickte, und in seinen Augen lag die verloren geglaubte Liebe.

Beim Erwachen hatte ich mich so stark gefühlt wie noch nie.

«Heut mache ich meinen Spaziergang am Vormittag», sagte ich zu Jenny.

Ich ging hinunter in die Stadt, und da sah ich den Aushang. Schrecken durchfuhr mich, als ich las: Die Meersburger Priesterhaus-Verwaltung versteigert nachfolgende Liegenschaft...

Ich blieb stehen. Das Fürstenhäuschen. Ich kannte es, ich war mit Levin dort gewesen. Dieser Rebenhang war öfters Ziel unserer Spaziergänge. Wir hatten da oben gesessen und auf den See und die Burg geschaut und uns an den Händen gehalten.

Mein Herz klopfte heftig. Der Traum! Levin und ich und das Häuschen in den Weinbergen. Es mußte ein Zeichen sein. Dann würde auch der andere Traum wahr, den ich seit Wochen immer und immer wieder gehabt hatte, der Traum, daß Levin zu mir zurückkäme.

Ich stieg also hinauf zur Versteigerung. Viele Honoratioren des Städtchens waren da. Sowie ich hineinkam, fragte mich einer: «Wollen Sie mitbieten?» Ich sagte: «Vielleicht, je nachdem es fällt»*, und alles ging dann fast zu glatt. Es wurde mir zugesprochen – und jetzt war ich eine grandiose Grundbesitzerin. Ich fühlte mich immer noch wie im Traum. Zuversichtlich und voller Ruhe. Levin würde zu mir zurückkommen.

Wie würde er staunen, wenn ich ihn zum Fürstenhäusle führen würde, hier, Levin, schließ auf...

Ich war glücklich, endlich wieder glücklich.

Zwei Tage später kam Levins Brief. Er teilte mir mit, daß seine Hochzeit mit Luise von Gall stattgefunden habe. Ich las den Satz dreimal.

Dann schob ich den Brief in die Schublade meines Tisches und lief die Treppe hinunter. «Jenny», schrie ich, «Jenny!»

Ich zitterte am ganzen Körper.

Sie stürzte aus der Küche und starrte mich an, rief über die Schulter zurück einen Namen.

Eine stämmige Magd lief heraus, und sie und Jenny führten mich zu einem Sofa und zwangen mich, mich hinzulegen.

Jenny brachte mir ein Glas Wasser. «Du hast Fieber, Nette.»

Mama kam. «Was ist?» fragte sie.

Jenny antwortete: «Sie ist krank. Nette hat wieder Fieber.»

Mama nahm meine Hand, und wir sahen uns an. Sie begriff alles.

«Das Fürstenhäuschen», flüsterte ich.

«Es ist d e i n Haus, Annette», sagte Mama streng, «es gehört allein dir.»

Da konnte ich endlich weinen.

Wir schwiegen eine Weile. Ich überlegte, warum Anna mir die Traumgeschichte erzählt hatte. Als hätte ich ihr die Frage gestellt, sagte sie laut: «Träume, Uli, kommen aus uns selber. Unsere Wünsche und Ängste haben einen großen Anteil daran. Träume sind keine Botschaften aus einer anderen Welt.»

«Vielleicht hast du recht. Aber doch gibt es auch in den Träumen manchmal etwas, was nicht nur aus uns selber

176

kommt, sondern von ganz ferne.»

Anna nickte unbestimmt. «Ich glaub's dir, Uli, daß du das so empfindest, manchmal könnte das schon sein. Wir wissen nicht so viel, wie wir meinen. Aber die meisten Träume besagen wirklich gar nichts.»

Ich sah Anna von der Seite an. Ein neuer, schmerzlicher Zug lag um ihren Mund. Ich legte die Hand auf ihren Arm. «Ich weiß, wie dir zumute ist. Wenn schöne Träume verfliegen wie ein Hauch... da kommt man sich ausgesetzt vor, verletzlich. Wenn mir das nicht auch schon so gegangen wäre, dürfte ich dir das jetzt nicht sagen...» Ich brach ab.

Anna blieb still.

«Ich weiß, daß es manchmal keinen Trost gibt, Anna. Ich kenne das von mir. Heut morgen, als ich auf dich gewartet hab, hab ich ein Gedicht gefunden. Soll ich dir daraus vorlesen?»

Sie nickte.

In solchen Augenblicken
steht meine Seele still,
darf nicht Gedanken rücken,
gefesselt liegt der Will',
und Schlafes Macht
muß ich beschwören,
die angsterfüllte Nacht
in Träume zu verkehren.

Doch jetzt, wo klar die Sinnen,
wo meine Seele frei,
jetzt darf mein Flehn beginnen,
Allgnäd'ger, steh mir bei!

177

In solcher Zeit
ohn' Trost und Beten,
dann mag zum Schutz bereit
zu mir dein Engel treten...*

Anna sah mich lächelnd an. «Du bist mir ein Engel, Ulrike.»

Die Wiederkehr

«Ach, Levin, ich freue mich viel zu arg auf
unser Beisammensein, so daß es mir oft vor-
kömmt, als könnte deshalb nichts daraus werden, Levin, kommen Sie, kommen Sie! Wenn
ich nur wüßte, um welche Stunde am 1.Mai
Sie ankommen, ob per Post oder Dampf!
Alles freut sich hier auf Sie, auf alle beide.»
Annette von Droste-Hülshoff
an Levin Schücking am 17. April 1844

«Weißt du noch, Mutter, als er hier war zu Besuch mit
seiner jungen Frau?» fragte Jenny versonnen.
Die Freifrau sah zum Fenster hinaus und antwortete
nicht.
«Sie hat sich so sehr auf seinen Besuch gefreut. Ich sehe
sie in Gedanken immer noch dastehen, am Schiffsanlege-
platz. Ihr erwartungsvolles Gesicht, ihre verhaltene Vorfreude! Wie angestrengt hat sie mit ihren kurzsichtigen
Augen ausgespäht, ob sie ihn wohl erkennen könne. Ich
bemerkte ihn natürlich vor ihr. Er stand an der Reling, die
Hand auf Luises Schulter gelegt, er zeigte mit aus-
gestrecktem Arm hierhin, dorthin. Er hat nicht nach
Annette Ausschau gehalten.
Als sie auf uns zukamen, war sein Gesicht heiter, er
begrüßte uns nacheinander mit vollendeter Höflichkeit
und stellte uns voller Stolz seine junge Frau vor. Dann
gingen wir den Weg hinauf, er vor uns, Arm in Arm mit
Luise, und Annette und ich folgten, die Dienerschaft trug
das Gepäck hinterher. Immer wieder zeigte er ihr, siehst
du, Liebchen, da bin ich gegangen, und schau mal, den

schönen Ausblick von hier, und dort war mein Zimmer. Und hier an diesem Platz habe ich oft gestanden, und jetzt bin ich mit dir da, mit dir. Annette hat alles gehört. Sie tat mir leid.»

Die Mutter nickte grimmig. «Ich habe es auch gesehen, Jenny, bei Tisch war es doch genauso. Er war so heiter und erzählte, und Annette wurde immer stiller. Du weißt, ich sehe genau. Aber nie, hörst du, nie sah ich auch nur e i n e n Blick des Einverständnisses zwischen dem Jungen und ihr, kein persönliches Wort hatte er für sie, er war keinesfalls mehr als höflich zu ihr. Ich weiß noch, daß ich zornig war, Jenny, zornig auf ihn und auf Annette auch. Als das junge Paar sich zurückgezogen hatte, traf ich an der Tür mit Annette zusammen. Was hast du erwartet? fragte ich scharf. Sie sah mich hilflos an. Freundschaft, Mama, sagte sie leise, nur Freundschaft.»

Anna sah enttäuscht aus. «Das tut mir leid für sie. Aber sicher gab es doch Gelegenheiten, wo sie allein mit ihm sein konnte, und da konnten sie miteinander reden fast wie früher, denn so eine Freundschaft, Ulrike, die bleibt doch.»

Sie brach ab, als sie in mein Gesicht sah.

«Nein, Anna, es war anders. Er wollte gar nicht mit ihr allein sein.

Alles spielte sich ab im Rahmen eines Familienbesuches. Luise war immer dabei. Eine hübsche junge Frau, selbstsicher und gewandt, angenehm in der Konversation und liebenswürdig gegenüber den Gastgebern.

Annette faßte gleich eine starke Abneigung gegen sie.»

«Sie spürte wohl, daß auch sie Luise unsympathisch war», sagte Anna entschuldigend, «und daß sie ihr mißtraute und ihren Levin auf Schritt und Tritt bewachte. Doch, ich glaube, diese Luise hat mehr gefühlt, als ihr lieb war.»

«Wie dem auch sei, der Besuch verlief für Annette ernüchternd. Sie zog sich immer mehr zurück, derweilen Levin seine Frau all die alten Wege führte, die doch sie und Levin vor zwei Jahren miteinander gegangen waren. Es wurde ihr schwer, sich ihre Enttäuschung nicht anmerken zu lassen, ihre abgrundtiefe Enttäuschung. Und als der Tag der Abreise kam, war Annette erleichtert.»

«Erleichtert?» Anna begehrte auf. «Sie war arm geworden, ohne Hoffnung. Da stand sie am Rand des Sees, und sie wußte es, tief in ihrem Inneren wußte sie, daß sie ihn nicht mehr sehen würde in ihrem Leben.» Anna wischte sich die Tränen ab.

«Ja», sagte ich nach einer Pause, «du hast recht. Aber du mußt noch weiter hören: du mußt hören, wie Annette den Abschied empfunden hat.
Dir würde sie es erzählen, Anna, und du würdest sie verstehen.»

Ich stand am Ufer und sah ihnen nach, den beiden hellen, jugendlichen Gestalten, Levin und Luise. Sie schritten über den Landungssteg, Levin sagte etwas zu ihr, sie hob den Kopf und lächelte ihm zu. Ein leichter Wind wehte in ihr duftiges Kleid und ließ den kurzen Schleier ihres Hutes flattern. Ich spürte noch Levins warme Hand in meiner, hatte noch den Klang seiner geliebten Stimme im Ohr: «Leben Sie wohl, gnädiges Fräulein, und bewahren Sie uns Ihre mütterliche Liebe. Und vergessen Sie nicht, Ihre Gedichte zu schicken.»

«Levin...» meine Stimme klang rauh, mir selber fremd.

181

Er zog meine Hand an seine Lippen. «Herzlichen Dank für alles, Mütterchen», sagte er leise und wandte sich ab. Nun verschwammen mir die Gestalten vor meinen kurzsichtigen Augen, vielleicht haben auch Tränen mir den Blick verschleiert, denn Jenny reichte mir ihr Taschentuch und murmelte: «Es ist doch sehr windig hier am Ufer.»

Das Schiff legte ab, und ich begann zu winken mit Jennys Tuch. «Laß, Liebe», sagte Jenny nach einer Weile sanft, «sie winken nicht, sie stehen auf der anderen Seite.»

Die Leute verliefen sich, ich stand immer noch da und sah auf meinen See, meinen schönen aufgewühlten See. Jenny nahm meinen Arm: «Komm, Annette, zwei Jahre sind eine lange Zeit – daß alles anders ist, dafür kann niemand.»

Ich nickte. Zwei Jahre hatte ich oft mit Schmerzen, manchmal mit Hoffnung, aber immer mit der ganzen Sehnsucht meines Herzens darauf zugelebt, ihn wiederzusehen, ihn, Levin, meinen Liebsten, meinen Freund. Nun ist die letzte Hülle der barmherzigen Täuschung zerrissen. Er ist mir fremd geworden, es gibt keine Treue, keine Freundschaft, nicht für mich. Von jetzt an bin ich allein. Ganz allein.

Daheim in meinem Turmzimmer nahm ich einen großen leeren Bogen Papier und schrieb.

     Lebt wohl, es kann nicht anders sein!
     Spannt flatternd eure Segel aus,
     laßt mich in meinem Schloß allein,
     im öden geisterhaften Haus.

     Lebt wohl, und nehmt mein Herz mit euch
     und meinen letzten Sonnenstrahl;

er scheide, scheide nur sogleich,
denn scheiden muß er doch einmal.

Laßt mich an meines Seees Bord,
mich schaukelnd mit der Wellen Strich,
allein mit meinem Zauberwort,
dem Alpengeist und meinem Ich.

Verlassen, aber einsam nicht,
erschüttert, aber nicht zerdrückt,
solange noch das heil'ge Licht
auf mich mit Liebesaugen blickt.

Solange mir der frische Wald
aus jedem Blatt Gesänge rauscht,
aus jeder Klippe, jedem Spalt
befreundet mir der Elfe lauscht.

Solange noch der Arm sich frei
und waltend mir zum Äther streckt
und jedes wilden Geiers Schrei
in mir die wilde Muse weckt. *

«Und dieses Gedicht hat sie ihm geschickt mit ihrem
nächsten Brief. Und geschrieben, es sei persönlich, nicht
zur Veröffentlichung bestimmt. Aber er hat es veröffent-
licht, Anna, trotzdem. Es wurde in seiner Zeitung ge-
druckt, und er schrieb ihr: Ihr schönes Abschiedsgedicht,
Mütterchen, hat nun auch seine Leserschaft gefunden. Es
ist von ganz eigener Poesie.»
  «So ein Junge!» sagte Anna, und ihre Stimme war
voller Resignation.

Wir fuhren zurück nach Meersburg.

«Ich muß die Bücher zurückbringen», sagte Anna, «die aus der Leihbibliothek, denn morgen ist ja Abreisetag.»

Ich nickte bedrückt. Die schöne Zeit mit Anna ging dem Ende zu, und was würde dann sein?

«Schreibst du mir?» fragte ich sie.

Sie sah mich erstaunt an. «Schreiben, telefonieren, besuchen – das alles gehört jetzt für uns dazu, nicht? Ich kann mir vorstellen, daß ich es nicht lang aushalten werde, ohne mit dir zu reden. Nein, Uli, ab jetzt bleiben wir Freundinnen.»

Eine starke Erleichterung überkam mich, fast eine plötzliche Freude.

«Ja, Anna», rief ich, «so soll es sein, ach Anna!»

Sie sagte unwillig: «Nun brich mal nicht in Tränen aus, ich bin es doch, die dich braucht!»

Ich schüttelte den Kopf. «Ich brauche dich auch, Anna.»

Im Hotelgarten setzten wir uns an einen Tisch, und Anna baute sämtliche Bücher um uns herum auf.

«Also, wo waren wir stehengeblieben? Geschrieben haben sie sich weiterhin. Aber es war, als trieben sie jetzt ungeheuer schnell auseinander.»

Ich nickte. «Ja, der Briefwechsel wurde anders, kühler, knapper. Annette schrieb fast nur noch, was notwendig war zur Herausgabe ihrer Gedichte.

Levin hat in seiner unbekümmerten Art sie wissen lassen, daß seine Luise kräftig mitmischte bei der Korrektur ihrer Gedichte. Das kränkte Annette, war ihr ein weiterer Beweis, daß Levin ihre Freundschaft aufgegeben hatte.

Sie schrieb ihm:

'Sie sehen, Levin, ich möchte gern alles für Sie tun, was

ich kann; nun geben Sie mir dagegen aber auch ein Versprechen, und zwar ein ernstes, unverbrüchliches, Ihr Ehrenwort, wie Sie es einem Manne geben und halten würden, daß Sie an meinen Gedichten auch nicht eine Silbe willkürlich ändern wollen. Ich bin in diesem Punkte unendlich empfindlicher, als Sie es noch wissen, und würde gerade jetzt, nachdem ich Sie so dringend gewarnt, höchstens mich äußerlich zu fassen suchen, aber es Ihnen nie vergeben und einer inneren Erkältung nicht vorbeugen können.' *

Anna hob den Kopf. «Das sind aber deutliche Töne. Recht so, Annette. Alles hast du dir nicht gefallen lassen.»
Sie wurde lebhaft, und ich freute mich darüber.
«Dann hör, was er ihr zuvor geschrieben hat.» Ich blätterte und las ihr vor:
«Mein Luischen kömmt eben herein und will sich wohl totlachen, daß ich Sie noch erst um Erlaubnis frage; sie meint, alles das, was ich abgeändert wünsche, seien ja lauter Unmöglichkeiten! und ich hätte zu Ihrem eigenen Besten frisch drauflorskorrigieren sollen, ohne Sie lange zu fragen; sie wolle mir noch eine Menge anderer Unmöglichkeiten zeigen...»*
«Das ist ja unglaublich!» rief Anna.
«Ich frage mich, warum er ihr das geschrieben hat», sagte ich nachdenklich. «Weißt du, was ich denke? Er wollte absichtlich noch mehr Abstand legen zwischen sich und Annette. Vielleicht hat ihm der Besuch in Meersburg gezeigt, daß sie immer noch an ihm hing, und er wollte das nicht. Es hinderte ihn am Weitergehen. Denn er, siehst du, er hatte abgeschlossen mit dieser

Traumzeit in seinem Leben. Und Annette hat das sehr deutlich gespürt. Sie schrieb ihrer Freundin Elise, Levin schreibe ihr nie mehr, ohne daß ein dringender äußerer Anlaß vorliege, zum Beispiel eine Anfrage wegen der Verhandlungen mit dem Verleger. 'Sie halten mich gewiß für sehr undankbar und mißtrauisch, aber Sie haben keine Gelegenheit gehabt, den Unterschied zwischen Dichtung und Wahrheit so zu empfinden wie ich in Meersburg.*»

«So hat also auch Freundschaft keinen Bestand», sagte Anna langsam.

«Aber er war auch treu, Anna, auf seine Weise, er hat ihre Gedichte zum Druck vorbereitet und...»

«Das sagtest du schon. Er hat sich sehr verdient darum gemacht, daß die Dichterin Annette von Droste-Hülshoff bekannt wurde. Aber dadurch bekam er ja selbst auch einen Namen in der literarischen Welt. Er hat es nicht für sie getan.

Vielleicht war ihm die Zeit mit Annette nur eine Episode, eine besondere und etwas bizarre Liebesgeschichte, die er später lächelnd seinen Freunden erzählte.»

Annas Stimme hatte einen verbitterten Unterton.

«Nein, Anna, das glaube ich nicht. Ich fand auch keinen Hinweis darauf, daß er irgendjemandem von seiner Liebesgeschichte erzählt hat. Bedenke, Annette hat ihn als den Menschen gesehen, der endlich zu ihr gepaßt hat, den lang entbehrten Partner – und es kann einfach nicht sein, daß sie sich so in ihm getäuscht hat. Nein, Levin hat sie nicht dem spöttischen Lächeln Fremder ausgeliefert, hat nie ihre Liebe preisgegeben. Er behielt alles für sich, seine Erinnerungen und auch seine Schuldgefühle. Und nie, Anna, hat er aufgehört, Annette zu schätzen, vielleicht zu lieben – auf seine Weise.»

«Meinst du?» Annas Stimme hatte einen verzagten Klang, aber in ihrem aufmerksamen Blick las ich so etwas wie Hoffnung.

«Bestimmt war es so. Aber seine Zeit mit Annette sah er später wie einen gelebten Traum, aus dem aufzuwachen gut für ihn war.»

Letzte Gaben

«... und so lasse ich die romantische Meersburg... die Gedankenwelt, mit welcher sie
mich umgab, sowie die über sich selber
nicht ganz klaren Empfindungen, womit ich
dort in das große und leuchtende Auge der
besten Freundin, die ich im Leben gefunden
habe, blickte, wie eine Fata Morgana in die
Wellen des weiten Bodensees versinken.»
Levin Schücking
Lebenserinnerungen, 1886

Anna blieb eine Weile still.

«Und die Briefe?» fragte sie schließlich. «Ist Annettes
Bruder wirklich zu ihm gegangen, zu Levin Schücking,
was meinst du?»

«Das tat er», sagte ich, «diese Begegnung hat stattgefunden.»

Der Freiherr Werner von Droste-Hülshoff folgte dem
Diener hinein in einen hellen, großen Salon. Sonnenlicht
flutete zu den offenen Fenstertüren herein, ein üppiger
Strauß Sommerblumen stand auf dem Flügel, ein dicker
Teppich dämpfte die Schritte. Vom Nebenzimmer her
hörte er das Weinen eines Kindes und eine beschwichtigende Frauenstimme. Der Freiherr gab dem wartenden
Diener Hut und Stock und sah sich um: gutbürgerlich,
urteilte er, dazu ein Hauch von Gelehrtendasein, und er
lächelte mit der Geringschätzung von Menschen, die
selbst eine umfangreiche ererbte Bibliothek ihr eigen
nennen.

188

Doch da war der Hausherr schon, der erfolgreiche Feuilleton-Redakteur der Kölnischen Zeitung, und Werner von Droste-Hülshoff sah in das glatte, aufgeschlossene Gesicht Levin Schückings. Angenehme Züge, konstatierte er bei sich; aber er weiß auch, daß er gut aussieht, wie das blühende Leben – und Annette liegt schon zwei Monate bei den Toten.

«Ich freue mich, Sie begrüßen zu dürfen, Herr von Droste-Hülshoff», Schückings Stimme gab sich einen warmtönenden Klang, er verbeugte sich tief vor seinem Gast, «wiewohl es eine auch für mich sehr schmerzliche Angelegenheit ist, die Sie wohl zu mir geführt hat, der plötzliche Tod Ihres verehrten Fräuleins Schwester, die – und das ist nicht nur meine eigene Meinung – sicherlich Deutschlands größte Dichterin ist, beziehungsweise war, wie ich mich leider verbessern muß. Seien Sie und Ihre geschätzte Familie noch einmal meiner aufrichtigen Mittrauer versichert.»

«Danke», sagte der Freiherr knapp. «So plötzlich kam ihr Tod nicht gerade, sie war das ganze letzte Jahr leidend, wie Sie vielleicht auch erfahren haben.»

«Das tut mir leid», sagte Schücking förmlich. «Aber ich bin ein schlechter Gastgeber, bitte, nehmen Sie Platz, darf ich Ihnen etwas zu trinken anbieten?»
Werner von Droste-Hülshoff bejahte, und der Diener trat aus dem Hintergrund und bediente ihn. «Danke, du kannst gehen», sagte Schücking. Als sie sich gegenübersaßen auf den ledergepolsterten Stühlen, sah Annettes Bruder sein Gegenüber aufmerksam an: das schon gelichtete Haar über der Stirn, die hellen Augen; ein Hauch von Melancholie lag in seinem Blick und auch Vorsicht. Er sieht mich an wie Annette, dachte Werner.

«Der Tod meiner Schwester ist tatsächlich der Anlaß meines Besuches, Herr Schücking. Ich komme als derzeitiges Oberhaupt der Familie von Droste-Hülshoff sowie als Sprecher der Familien von Laßberg und von Haxthausen. Wir wissen, daß Sie der Dichterfreund» – er verbeugte sich leicht – «und sozusagen collega meiner Schwester waren. Wir anerkennen Ihre Verdienste um die Herausgabe ihrer Werke und wissen um Ihre wertvolle fachliche Begleitung Annettes. Beim Sichten ihres Nachlasses erkannten wir den weiten Umfang Ihrer Korrespondenz mit meiner Schwester.

Im Namen unserer Familien bitte ich Sie um die Herausgabe der Briefe meiner Schwester, die sie an Sie gerichtet hat.»

Levin Schücking hatte ruhig dagesessen. In seinem beherrschten Gesicht drückte sich keine Gefühlsregung aus. «Fräulein von Droste-Hülshoffs Briefe sind zwar Zeugnisse von hoher dichterischer Qualität und als solche sicherlich für die Familie der Dichterin von einiger Bedeutung. Aber sehen Sie, Herr von Droste-Hülshoff, es sind auch Zeugnisse einer tiefen Freundschaft und daher zweifellos mein persönliches Eigentum.»

Werner nickte. «Gut, das akzeptiere ich. Aber als nächste Angehörige haben auch wir ein Recht darauf, sozusagen ein Recht übergeordneter Art. Hätten Sie die Güte, diese Briefe meiner Schwester trotz Ihrer persönlichen Betroffenheit der Familie zu übergeben, Herr Schücking? Ich möchte Sie noch einmal darum bitten.»

Levin schüttelte den Kopf. «Nein, sie sind mein Eigentum, ich behalte sie. Annette hätte nicht gewollt, daß sie in andere Hände gelangen.»

«Das Fräulein von Droste-Hülshoff», sagte Werner

kalt, «hätte in der Tat nicht gewollt, daß ihre Korrespondenz einer Öffentlichkeit zugänglich gemacht wird. Leider, Herr Schücking, sind wir nicht sicher, was Sie mit diesen Briefen vorhaben. Sie wurden ja bestimmt nicht zur Veröffentlichung geschrieben.»

Eine leichte Röte stieg in Schückings Gesicht. «Ich versichere Ihnen, daß ich keinen Gebrauch dieser Briefe zu einer Veröffentlichung machen werde, höchstens nach Absprache mit Ihnen und nach einer Prüfung des Inhalts Ihrerseits.»

Werner von Droste-Hülshoff schwieg eine Weile. Dann sagte er in verändertem Ton: «Herr Schücking, für uns steht Annettes Ruf auf dem Spiel sowie die Ehre der Familie. Wie Sie wissen, gab es in den letzten Jahren manche abwegigen Gerüchte über Ihre Beziehung zu Annette. Es wäre möglich, daß in ihren Briefen Dinge geschrieben wurden, die – nun, ich möchte sagen: die nicht für fremde Augen bestimmt sind, weil sie falsche Annahmen scheinbar bestätigen könnten, verstehen Sie mich?»

Auf Schückings Gesicht lag der unerwartete Ausdruck eines Schmerzes – oder war es der vorübergleitende Schatten der bewegten Äste vor dem Fenster?

Werner wartete. Er hat sie geliebt, dachte er, damals in diesen Wintermonaten in der verwünschten Meersburg. «Nun?» fragte er brüsk.

Schücking sah angestrengt vor sich hin. «Die Briefe sind mein Eigentum», wiederholte er. «Ich gebe Ihnen das Ehrenwort, daß nichts an die Öffentlichkeit gelangt, was Fräulein von Droste-Hülshoffs Ehre als Frau und Dichterin und Angehöriger des westfälischen Adels Abbruch tun könnte.» Die beiden Männer sahen sich an. Levin

Schücking hielt ihm die Hand hin, Werner von Droste-Hülshoff reichte ihm nach kurzem Zögern fest die Rechte. Er ist mir sympathisch, dachte Werner, sonst hätte mir sein Ehrenwort nicht genügt.

Er stand auf und wandte sich zum Gehen. «Sie nannten sie Mütterchen?» sagte er plötzlich, fast gegen seinen Willen.

Eine tiefe Röte ergoß sich über Schückings Gesicht. «Ich habe sie verehrt als meine mütterliche Freundin und Gönnerin und als große Dichterin», sagte er förmlich und verbeugte sich steif. «Ich danke Ihnen für die Ehre Ihres Besuches.»

Levin Schücking war allein.

Er trat ans Fenster und sah hinaus auf die Bäume, die in vollem Laub standen. Die Briefe – nein, Annette, die gebe ich nicht her, du brauchst keine Angst zu haben. Aber du hast jetzt nie mehr Angst, Mütterchen. Damals hast du viel gefürchtet. Immer die Heimlichkeit, der Zwang zum Verstecken!

Der Sommer 1842, wie gut erinnere ich mich an alles nach diesen Wintermonaten auf der Meersburg. Ich war allein. Ich sehnte mich unbeschreiblich nach dir, aber ich war froh, daß ich los von dir war, Mütterchen, heraus aus der alten Burg, weg von den Wegen am See und unserem lieben Plätzchen in den Weinbergen.

Ich war von dir wie gefangengenommen gewesen, und jetzt fühlte ich mich wie ein Pferd, das man des Sattels entledigt hat – noch sinnt es dem vertraut gefühlten Zaumzeug nach, doch schon schmeckt die Luft leichter, bald, jetzt, jetzt kann es freigelassen springen, traben, galoppieren. Freiligrath, der Freund, hat es mir geschrie-

ben: «Übrigens mag es gut sein, daß ihr beide durch mich und den Fürsten Wrede getrennt wurdet. Ihr triebt Idolatrie miteinander und hattet, glaub ich, keine Kritik mehr Eins fürs Andere. Nun steht Jedes wieder auf eigenen Füßen und wird freier und selbständiger dadurch.»*

Er hatte recht. Und in diesem Sommer 1842 spürte ich auch wieder, daß ich jung war, frei und jung. Neues wartete auf mich.

Annette, du wartetest auf der grauen Burg, auf einen Brief von mir, und ich – ich wartete auf das Leben, auf ein volles, freies, anerkanntes Leben, endlich wieder ohne Heimlichkeit im Licht der Öffentlichkeit. Endlich kein Versteckspiel mehr, endlich.

Levin Schücking trat an seinen Schreibtisch und schloß ein Fach auf. Briefe, Annette, deine langen Briefe, die ich heute deinem Bruder nicht herausgeben wollte. Meine Briefe an dich waren kürzer.

Ich weiß, wie sehr du gewartet hast auf meine Briefe, es tut mir leid. Ich wußte nicht, wie ich es hätte recht machen können. Doch du hast gewartet. Es tut mir wirklich leid, Annette.

Das war der erste Brief, den ich von dir bekam, nachdem ich die Meersburg verlassen hatte.

Levin las mit gerunzelter Stirn.

«Meines Bleibens wird hier nur noch kurze Zeit sein; Mama schreibt, daß sie sich sehr nach mir sehne und einsam fühle... Ob ich mich freue, nach Hause zu kommen? Nein, Levin, nein – was mir diese Umgebung noch vor sechs Wochen so traurig machte, macht sie mir jetzt so lieb, daß ich mich nur mit schwerem Herzen trennen kann. Ich gehe jeden Tag den Weg nach Haltenau, setze mich auf die erste Treppe, wo ich Dich zu erwarten pflegte und sehe nach Vogels Garten hinüber. Kommt dann jemand, so kann ich mir bei meiner Blindheit lange einbilden, du wärest es, und Du glaubst nicht, wieviel mir das ist.

Auch Dein Zimmer habe ich hier, wo ich mich stundenlang in Deinen Sessel setzen kann, ohne daß mich jemand stört – und den Weg zum Turm, den ich so oft abends gegangen bin – und mein eigenes Zimmer mit dem Kanapee und Stuhl am Ofen – ach Gott, überall! – kurz, es wird mir sehr schwer, von hier zu gehen, obendrein noch zweihundert Stunden weiter, als wir jetzt schon getrennt sind. Solltest Du es wohl recht wissen, wie lieb ich Dich habe? Ich glaube kaum.» *

Er blickte auf, sah das gepflegte Wohnzimmer im Mittagslicht, den Blumenstrauß, die Glasschale – Luises Hand, die unser Heim gestaltet, ein neues helles Haus, nicht das Dämmerlicht wie in den Gemächern der Meersburg, in die den ganzen Vormittag lang kaum das Sonnenlicht fiel.

Aber es war ja auch Winter, als wir dort waren, Annette und ich. Nach dem Aufstehen war ich immer zuerst ans Fenster getreten, hatte auf den See geblickt, auf das bewegte Wasser. Wir lebten wie auf einer Insel im Ozean. Aber ich bin ans Ufer zurückgekehrt, Annette, und du bliebst in der fernen See, draußen auf deinem Eiland aus Traum und Poesie.

Er drehte das Blatt um.

«Guten Morgen, Levin! Ich habe schon zwei Stunden wachend gelegen und in einem fort an Dich gedacht; ach, ich denke immer an Dich, immer. Doch punktum davon, ich darf Dich und mich nicht weich stimmen und muß mir auch selbst Courage machen und fühle wohl, daß ich mit

dem ewigen Tränenweiden-Säuseln sowohl meine Be-
stimmung verfehlen als auch Deine Teilnahme verlieren
würde; denn Du bist ein hochmütiges Tier und hast einen
doch nur lieb, wenn man Tüchtiges ist und leistet.

Schreib mir nur oft, mein Talent steigt und stirbt mit
Deiner Liebe; was ich werde, werde ich durch Dich und
um Deinetwillen, sonst wäre es mir viel bequemer, mir
innerlich allein etwas vorzudichten. Sobald ich diesen
Brief geschlossen, geht's con furore ans Werk; ich bin
wieder in der fruchtbaren Stimmung, wo die Gedanken
und Bilder mir ordentlich gegen den Hirnschädel pochen
und mit Gewalt ans Licht wollen und denke, Dir die
Beiträge sehr bald schicken zu können.

Mich dünkt, könnte ich Dich alle Tage nur zwei Minuten
sehen – o Gott, nur einen Augenblick! – dann würde ich
jetzt singen, daß die Lachse aus dem Bodensee sprängen
und die Möwen sich mir auf die Schultern setzten...
Schreibe mir, daß Du mich lieb hast, ich habe es so lange
nicht mehr gehört und bin so hungrig darauf, Du dum-
mes, nichtswürdiges kleines Pferd!» *

Das hätte der Freiherr Werner nicht lesen dürfen, nicht
wahr, Mütterchen.

«Adieu, Levin, behalte Dein Mütterchen lieb, stelle Dir
oft vor, daß ich bei Dir wäre und Du mir alles erzähltest
und vertrautest, wie da wir zusammen waren. Bitte, denk
das oft, so wird in Deinem Herzen nie eine Falte gegen
mich kommen; ich will Dir auch immer alles sagen.
Adieu, lieb Herz.» *

Levin Schücking stand in Gedanken versunken. Sie war
eine große Dichterin, eine überragende Frau, gescheit
und empfindsam.

Er seufzte. Und in meinen Armen so schwach und hingegeben wie ein Mädchen, das zum ersten Mal liebt.

Und dann kam doch diese Entfremdung – ich weiß, daß ich es war, der diesen Abstand zwischen uns legte.

Und zuletzt waren wir wie zwei Fremde, und sie schrieb mir nicht mehr.

Aber wenn ich diese alten Briefe lese, diese Worte der Liebe und der Freundschaft, dann höre ich wieder ihre Stimme, diese helle Stimme, die mein Innerstes angerührt hat.

Ihre Worte aus dieser Zeit, haben sie heute noch Macht über mich?

Da fiel ihm eine Zeile ein, fügte sich in seinen Gedanken zu einem Vers aus einem ihrer Gedichte. Er sah auf ihren Brief, die zierliche Handschrift, die eng den ganzen Bogen bedeckte, und sprach halblaut vor sich hin:

> Und Worte sind es doch, die einst
> so schwer in deine Schale fallen,
> ist keins ein nichtiges von allen,
> um jedes hoffst du oder weinst. *

Ich weine nicht, Annette, um deine Worte oder meine. Aber deine dichterischen Worte, Mütterchen, sind wie kostbare Perlen, aufgereiht zu schimmernden, merkwürdigen Ketten. Worte sind deine letzten Gaben an mich.

In diesem Augenblick wußte er, welchen Titel der geplante Gedichtband haben würde: «Letzte Gaben».

Es war ihm, als lege sich eine beschwichtigende Hand auf seine Seele. Er schloß den Brief wieder ein, öffnete die Tür und rief: «Luise.»

Seine Frau erschien im Türrahmen, leichte Unruhe lag auf ihrem rosigen Gesicht. «Was wollte der Freiherr?»

Levin zuckte die Achseln. «Der dichterische Nachlaß der Droste...» sagte er unbestimmt. «Wie findest du 'Letzte Gaben' als Titel für eine Gedichtsammlung?»
«Sehr gut –» Luise lächelte zufrieden.

«Na ja», sagte Anna, nachdem sie lange stumm dagesessen hatte, «das Leben geht weiter, und er und Luise hatten sich ja miteinander eine Existenz aufgebaut und Kinder gehabt – wieviele eigentlich?»
«Fünf. Aber leicht hatten sie es auch nicht, und Luise ist schon mit vierzig Jahren gestorben, und auch zwei der Kinder. Und Levin war wieder allein, und er schrieb und wurde ein vielgelesener Schriftsteller, aber heute kennt man seinen Namen eigentlich nur noch wegen der Droste, seiner berühmten Gefährtin.»
Anna stand auf. «Ich gehe zur Bibliothek. Oder brauchst du die Bücher noch?»
Ich schüttelte den Kopf.

Sinken

«Wie sank die Sonne glüh und schwer,
und aus versengter Welle dann
wie wirbelte der Nebel Heer
die sternenlose Nacht heran...»
Annette von Droste-Hülshoff,
«Durchwachte Nacht»

«Drei Jahre waren es noch bis zum Tod.
Noch einmal fuhr sie in ihr Schneckenhäuschen, ins
Rüschhaus. Und sank dort in Schwäche und Einsamkeit,
kein Lebensmut mehr, Ulrike, keine Kraft. Auch nicht
mehr zum Dichten. Ja, sie ließ auch das Schreiben sein.
Saß auf ihrem Sofa und träumte vor sich hin. Schrieb ab
und zu an Levin, liebevoll, bemüht, aber letzten Endes
ohne Hoffnung, sie erwartete nichts mehr von ihm.
Gratulierte zur Geburt der Kinder, tat interessiert an den
Fortschritten ihres Patenkindes – gesehen hat sie es nie –
und beschränkte sich sonst auf sachliche Erörterungen
literarischer Fragen. Daß sie oft verspätet auf die kurzen
Briefe Levins antwortete, entschuldigte sie mit Krankheit. Und sie vergaß auch nie, am Schluß des Briefes zu
schreiben: 'Tausend Liebes an Luise.' Traurig, Uli, traurig sind solche Briefe, wenn man weiß, wie durchglüht
von Liebe und Hoffnung ihre Botschaften an ihn einmal
waren. Ein Trost waren ihr die Besuche der lieben Freundin Elise. Aber die eröffnete ihr eines Tages, daß sie mit
ihrer Familie von Münster wegziehe nach Minden. Du
kannst dir vorstellen, daß Annette nun immer einsamer
wurde.»

Nicht mehr unter Menschen gehen, sich vergraben im Rüschhaus, keine Besuche mehr machen. Eine Verlassene, versunken in ihren Erinnerungen. Die Grenze zwischen Traum und Wachen schwindet ihr, und Bilder der Vergangenheit treten aus ihrer Seele. Vielleicht sah sie Levin, er kommt aus Laßbergs Bibliothek, ihre Augen begegnen sich, halten einander den Blick fest, mit ihrem Lächeln liebkosen sie sich, Guten Tag gnädiges Fräulein, und sie geht weiter und fühlt die Leichtigkeit in sich, das Schweben.

Aber dann schiebt sich ein anderes Bild vor das helle, lichte: ein Schiff legt ab, sie hebt ihre Hand und winkt, und das Herz liegt wie ein Stein in der Brust, aber er wendet sich nicht um, er fährt davon und blickt nicht zurück. Ach Levin.

«Annette», sagte die Mutter sanft, «willst du nicht etwas schreiben, hier, sieh mal, ich habe ganz neues Papier für dich gekauft...»
Und sie setzte sich gehorsam hin, und am Abend gab sie ihr das Blatt, ein Gedicht stand darauf, ein einfaches Gedicht, und die Mutter las die schlichten Verse und zwang ihre Tränen nieder.

An meine Mutter
So gern hätt' ich ein schönes Lied gemacht
von deiner Liebe, deiner treuen Weise,
die Gabe, die für andre immer wacht,
hätt' ich so gern geweckt zu deinem Preise.

Doch wie ich auch gesonnen mehr und mehr,
und wie ich auch die Reime mochte stellen,
des Herzens Fluten wallten drüber her,
zerstörten mir des Liedes zarte Wellen.

So nimm die einfach schlichte Gabe hin,
von einfach ungeschmücktem Wort getragen,
und meine ganze Seele nimm darin;
wo man am meisten fühlt,
    weiß man nicht viel zu sagen.

Und dann legte sich Katharina die Amme, die geliebte Alte, zum Sterben nieder. Annette saß stundenlang an ihrem Bett, ertrug den röchelnden Atem dieses vergehenden Lebens, wischte ihr den Schweiß von der Stirne, und ab und zu sang sie mit leiser Stimme eines der Kinderlieder, die sie zuerst von dieser wärmenden Ur-Mama gehört hatte. Einmal, in einem lichten Augenblick, schlug die Alte die Augen auf und murmelte: «Kindchen, mein Kindchen, sag ein Gebet für die alte Katharina.» Annette nahm die runzligen, abgeschafften Hände in ihre, und ihre Stimme klang hell und sicher:

Der Tag ist eingenickt
beim Wiegenlied der Glocken;
zum Blumenkuß sich bückt
der Tau auf leisen Socken;
die Sterne grüßen sich,
sie winken sich und drehen;
fern hör ich Tritte gehen,
doch ruhig ist's um mich.

Ich trau auf deine Hand,
weil alle deine Güte
und Liebe mir bekannt,
daß sie mich wohl behüte;
und daß ein sicher Hort

das Unheil von mir wende,
o Herr, in deine Hände!
Dies sei mein letztes Wort. *

Die Mutter war nach Meersburg abgereist, mit allen
guten Worten hatte sie Annette nicht bewegen können,
mitzufahren.

Kaum war Annette allein, ergab sie sich der Schwäche,
widerstandslos. Der Tod der Alten, die Vereinsamung,
die Hoffnungslosigkeit, es war zu viel für sie. Und sie ließ
sich erschöpft in die Krankheit fallen wie in ein aufge-
schlagenes Bett.

An Elise hat sie es geschrieben, wie es ihr zumute war:
«... bis ich umfiel und endlich das Bett völlig hüten
mußte. Ach, lieb Lies, da war Rüschhaus gar kein liebes
heimliches Winkelchen mehr! Ich sah den ganzen Tag
nur die niedrigen Balken meines Schlafzimmers und
außer dreimal im Tage sah keine Seele nach mir, da die
Ernte im Gange war und auch die Köchin viel daran half.
Von eins bis sieben war das Haus ringsum verschlossen
– ich mutterseelenallein darin, fiebernd und würgend...
Aber jetzt kam ich mir oft vor wie ein armer Soldat, der
sich auf dem Schlachtfelde verblutet.»*

Es war der Bruder Werner, der vom Wasserschloß
Hülshoff herüberkam und nach dem rechten sehen wollte
in der Sorge um seine Schwester, und er nahm sie gleich
mit in die ehrwürdige Burg, wo sie geboren war.

An ihre «Lieb Lies» schrieb sie: «Ich kann Ihnen nicht
sagen, wie mir ist! Ich genieße jedes Abendrot , jede
Blume im Garten wie eine Sterbende... Es ist heute recht
herbstlich, die Sonne bereits untergegangen und hat nur
ein paar gelbliche Streifen in den grauen Regenwolken

hinterlassen. In meinem Zimmerchen dämmert's, daß ich kaum die Feder mehr sehen kann, und die Eichen rauschen so feucht und schaurig, daß einem grauen sollte, und doch dünkt mich, ich wüßte mir nichts Lieberes als hier – hier –nur hier! wenns auch nie anders wäre!»*

Als es ihr etwas besser ging, sagte sie: «Meersburg. Jetzt muß ich zur Meersburg. Ich habe nicht mehr viel Zeit.» Und Werner schickte ihr seinen ältesten Sohn mit als Begleitung, und die Erleichterung über ihre Abreise verdrängte die Ahnung, daß er seine Schwester Annette nicht mehr lebend sehen würde.

Und dann also zum letzten Mal die Ankunft in Meersburg: «Liebe Elise! Hier war große Freude über meine Ankunft, aber auch große Bestürzung über mein Aussehn, ich mußte gleich zu Bette, und zwei Ärzte annehmen (einen aus der Stadt und den sehr geschickten Brunnenarzt von Überlingen), da habe ich denn viele Medizin geschluckt und bin immer elender darnach geworden, zuletzt so nervenschwach, daß mir jedes Wort klang wie eine Posaune und zuweilen im Stockfinstern das Zimmer für einige Sekunden erleuchtet schien wie vom grellsten Sonnenschein und ich die kleinsten Gegenstände genau unterscheiden konnte. Zudem nahm mein Magen auch gar nichts mehr an, selbst Wasser und Haferschleim mußte ich sogleich wieder von mir geben; und dabei immer Fieber und Beklemmungen! Immer halb tot husten. Ach Lies! Ich war schrecklich elend und wünschte auch gar nicht wieder besser zu werden...»*

«Annette», Mamas Stimme klang sehr laut in meinen Ohren, «steh auf, du mußt an die Luft. Komm, ich halte dich. Wir gehen zusammen.»

202

«Laß mich, Mama, ich kann nicht, ich will auch nicht.»

«Bitte, Annette.» Das war Jennys zaghafter Ton.

«Meinetwegen.» Ich richtete mich auf. Schmerzen überall, und diese Schwäche!

Sie führten mich hinaus in das Burggärtlein. Ach, die letzten Rosen, die mich immer rühren!

«Hier, Annette, der Liegestuhl.» Ich ließ mich sinken. Jenny breitete eine Decke für mich aus, und Mama setzte sich in einen Sessel neben mich.

Eine späte Sonne wärmte mir Gesicht und Hände. Ich streckte meine Hand nach Mutter aus, und sie faßte sie und hielt sie fest, ihre Wärme floß auf mich über. Wir schwiegen. Die ersten dunklen Trauben dieses Herbstes prangten in der irdenen Schale auf dem Gartentisch, Jennys bunte Astern neigten schwer die Köpfe aus ihrem Strauß.

Plötzlich empfand ich eine unbändige Lust zu essen, Trauben zu kosten...

Und ich konnte essen.

Mit verhaltener Freude wollte Mama es fast nicht bemerken.

Und miteinander sahen wir den Schwalben zu, deren Schar unruhig die Burg umschwärmte und auf dem Dach über dem Wehrgang sich sammelte. Es wird Zeit für sie, wegzufliegen. Der Sommer ist vergangen, und die Kälte lauert. Es wird Zeit.

Aus eigener Kraft ging ich ins Haus zurück, die Sonne stand tief. «Laßt mich, es geht schon», und suchte mir an Laßbergs festlicher Tafel aus, was mir Kraft geben könnte. Jenny sah mir lächelnd zu. Sie zündete alle Kerzen an in dem alten warmdämmrigen Raum. «Du wirst gesunden», sagte sie leise.

Mama wollte mich über den Burghof in meinen Turm führen.

Ich machte mich los. «Ich komm allein zurecht» – und ging und ließ mich in meinem Turmstübchen nieder und sah hinaus in den stillen Abend. Es ist Zeit – fort.

Ich legte wie für einen Ausgang meinen Mantel an. Es war mir wie nach schwerem Fieber.

Ich ging beherrscht, Schritt für Schritt die Stufen und stetig den Steig, immer weiter mit dem aufkommenden Wind; er trieb Nebelschwaden her wie Wolken. Mir war, als ob ich mir selbst zuschaute.

Da gehst du das kalte Ufer entlang, und du weißt, daß du verlassen bist. Du kannst nie mehr zurückkehren in das Haus. Denn es gibt dich dort nicht mehr.

Der Wind weht dunkle Blätter auf.

Du kannst jetzt nicht sitzen am Wegesrand, der Staub hat dich schon grau gemacht, steh auf. Denn du mußt deinen abendlichen Gang in die Dunkelheit tun. Schlepp dich noch einmal vor das Fenster und sieh hinein in dein Haus.

Das Leben hat dort gewohnt, eh du gestorben bist. Dein Bett, Liebesbett, Traumbett, ist nicht mehr. Sieh ihn dir gut an, den Sarg, der jetzt an dieser Stelle steht. Er ist ja für dich.

Ist er dir zu schmal?

Für dich allein wird er reichen, sei gewiß.

Noch einmal, wieder, den Blick ins Helle?

Sieh, die Lichter verlöschten, und alle Wärme ist geflohen. Seine Augen, die lieben, sind hart geworden über deinem Sterben, und wenn du ihn rufst, hört er dich nicht.

Erstick den Schrei in der Kehle. Sei stumm, denn deine Stimme erreicht ihn nicht mehr.

Du aber bist verurteilt zur Empfindung.

Noch einmal das Entzücken über die Haare auf der Brust, und wieder die Sehnsucht im Leib und die Küsse auf der Haut. Noch einmal den Klang des zärtlichen Du und wieder die Freude über nahe helle Augen.

Warum hörst du nicht auf damit, du Schattenwesen ohne Gestalt? Du bist längst verwelkt und fast schon unsichtbar geworden, kein Wohlklang ist mehr in deiner Stimme, und dein Körper hat allen Liebreiz verloren.

Warum ist der Glanz in deinen Augen verloschen? Warum ist dir das Geschenk aus den Händen entglitten? Sieh es doch ein: weil du am Sterben bist.

Was kämpfst du um das bißchen Leben? Warum bestehst du darauf, daß Liebe keine Täuschung ist?

Du blutest schon zu lange. Reiß die Verbände ab, sie sind zerlumpt.

Laß den Schmerz kommen. Er bleibt dir treu. Laß ihn dich bedecken, er ist ein unerbittlicher Liebhaber. Glaub ihm, es ist Zeit, daß du dich endlich schlafen legst.

Sie fanden mich nach Mitternacht mit aufgelösten Kleidern und trugen mich in den Turm zurück.

Sterbemelodie

«Und Blüten taumelten wie halb entschlafen;
mir scheint, als treibe hier ein Herz zum Hafen,
ein Herz, das übervoll von Glück und Leid,
und Bildern seliger Vergangenheit.»
                              Annette von Droste-Hülshoff,
                                        «Mondesaufgang»

Therese von Droste-Hülshoff stand in Annettes Turmzimmer. Das war das letzte, was ich für diese Tochter tun
konnte, ihre persönliche Sphäre schützen vor dem Zu-
griff distanzierter Neugier. Nun kann ich bald wieder
abreisen, heim ins Rüschhaus, in die Einsamkeit meines
Alters. Da ist niemand mehr, der meinem Herzen so nahe
stehen könnte wie sie, meine Annette. Hätte ich gewußt,
wie kurze Zeit ihr noch bleiben würde, ich wäre nicht
abgereist im letzten Herbst. Aber es ging ihr doch besser,
so dachten wir alle. Sie war ruhiger geworden, blieb am
liebsten in der Burg. Vorbei die einsamen Streifereien,
vorbei diese rastlose Unruhe – «Mama, du wirst sehn,
bald ist sie ganz gesund» – ach Jenny, und das wollte ich
einfach glauben.
Es war ein heller Vormittag im Frühherbst. Die Morgen-
nebel hatten sich aufgelöst, eine blasse Sonne konnte
unsere kalten Hände beim Abschied am Burgtor nicht
wärmen. Wir küßten uns, und ich sagte: «Werd bald
gesund, Annette.»
Licht lag über dem großen See, ich blickte auf seine
weichblaue Fläche hinunter.
Da war mir plötzlich, als sähe ich hindurch, als ginge
mein Blick weiter in die finstere Tiefe des Sees, ich sah

206

das Abgründige der Schlingpflanzen und den Moder, und ich dachte an all das Versunkene, Ertrunkene, Aufgelöste. Ich erschrak, denn mit einemmal erkannte ich: das ist Annettes Art, hinter die Dinge zu sehen, so schauen zu müssen.

Ich wandte mich um. Sie stand regungslos am Tor. Unsere Blicke trafen sich, blieben ineinander hängen. Sie hob die Hand, ihre Finger waren so dünn geworden, wie durchscheinend. «Adieu, liebste Mutter», sagte sie, und in ihrem Blick lag eine große Trauer.

O diese Augen, diese hellen Augen mit dem dunklen Blick. Da stand sie, und auf einmal sah ich sie wieder, dreiundzwanzig Jahre jung, wie sie damals zurückkam zu mir von Bökendorf, von ihrer Sommerliebe, die sie so schwer verwundet hatte. Damals schon schnitt mir dieser wehe Blick ins Herz, und ich dachte: wie hoffnungslos sie aussieht, wie allein. Das ist nun schon lange her.

Doch jetzt sah sie wieder so aus, und aus ihrem gealterten Gesicht blickten mich wieder ihre Kinderaugen an mit dem Ausdruck der Verletztheit.

Am liebsten wäre ich nun umgekehrt, hätte die Koffer wieder hineintragen lassen, hätte sie in die Arme genommen. Doch ich wußte auch in schmerzhafter Klarheit, daß ihr das nicht helfen konnte. Angst überkam mich.

«Mein Kind» – die Worte stürzten aus mir heraus; mir war, als hätte ich geschrien, aber es war doch nur ein Flüstern gewesen. «Mama» rief sie – aber vielleicht hat nur mein Herz es gehört.

Das war das letzte Mal in diesem Leben, daß ich sie sah, Annette, meine Tochter.

«Nur noch acht Monate hatte sie, Ulrike, und glaub mir,

sie hat es gewußt.»

Ihr Radius war nun ganz klein geworden. Sie verließ die Burg nicht mehr. Am liebsten blieb sie in ihrem Turm. Wenn Jenny sie, selten, an ihrem Sekretär beim Schreiben antraf, dann waren es ihre geistlichen Lieder, an denen sie schrieb.

«Erst nach meinem Tode, Jenny», sagte sie, wenn Jenny bat, etwas daraus lesen zu dürfen, «siehst du, ich muß jetzt alleine Zwiesprache halten.»
Manchmal aber traf Jenny ihre Schwester an in großer Angst.

«Was soll werden, Jenny, wenn alles auseinanderfällt, alle Ordnungen, der festgefügte, altbewährte Rahmen, was soll dann werden!»
Es war ja das revolutionäre Jahr 1848, das ging nicht spurlos an ihr vorüber, sensibel wie sie war.

«Es wird wieder alles gut, Annette», sagte Jenny ruhig. Aber die Kranke schüttelte den Kopf und drückte ihre Hand auf das flatternde Herz.

«Ihr müßt fliehen, du und die Kinder!» stieß sie hervor. «Sie nehmen euch die Freiheit, sie machen alle gleich – gnadenlos.»

«Annette, nein, alles ist gut», sagte Jenny und legte ihre kühle Hand auf Annettes Stirn.

«Welche Krankheit hat sie? Und was können wir für sie tun?» fragte sie den Arzt am nächsten Tag.
Der blickte ratlos. «Nervenüberreizung. Lebensschwäche. Vielleicht Auszehrung.» So sagte er ohne Überzeugungskraft und wie um verschiedene Möglichkeiten offenzuhalten. «Auch ist ihr Herz angegriffen.»

«Ist ihr Zustand bedenklich?»

«Keinesfalls.» Jetzt war seine Stimme sicher. «Es sind eben die Nerven. Das Fräulein soll so leben, wie es ihr guttut. Und wenn erst das Frühjahr kommt, wird es aufwärts gehen. Die Winterstürme belasten eben ihre schwache Konstitution.»

Am letzten Abend des Jahres 1847 war es gewesen. Annette kam und trat zum warm strahlenden Kaminfeuer. Sie hatte sich ein wollenes Tuch um die Schultern gelegt, klein sah sie aus, schutzlos. Sie setzte sich still dem Ehepaar Laßberg gegenüber.

Die Kerzen auf dem hohen Leuchter gaben einen warmen Schein, auf dem Tisch standen die Weinpokale bereit, und der Freiherr von Laßberg hieß die Schwägerin herzlich willkommen: «Wie schön, daß Sie doch gekommen sind, liebste Annette. Möchten Sie uns nicht einmal wieder etwas lesen? Lange schon haben wir den Genuß nicht gehabt.»

Annette nickte und zog einen beschriebenen Bogen hervor. Sie saß nahe am Kamin, der flackernde Schein des Feuers brachte etwas Unruhiges auf ihre Züge, und Schatten lag um ihre Stirn.

Sie sah auf und begegnete Jennys Blick. «Ein Gedicht auf den letzten Abend des Jahres», sagte sie leise, und Jenny erschrak über den Abgrund an Einsamkeit in ihren Augen. «Sie hatte den Tod im Gesicht» würde sie später zu ihrem Mann sagen, aber jetzt brachte sie ein aufmunterndes Lächeln zustande: «Lies, Annette.»

Und noch einmal füllte die helle Stimme der Dichterin die Weite des Raumes und ließ eine andere Wirklichkeit erstehen, und ihre Worte gingen zu Herzen, denn ihre Seele lag darin und der Schmerz ihres Lebens.

Das Jahr geht um,
der Faden rollt sich sausend ab.
Ein Stündchen noch, das letzte heut,
und stäubend rieselt in sein Grab,
was einstens war lebendge Zeit.
Ich harre stumm.

's ist tiefe Nacht!
Ob wohl ein Auge offen noch?
An diesen Mauern rüttelt dein
Verrinnen, Zeit! Mir schaudert doch.
Es will die letzte Stunde sein
einsam durchwacht.

Geschehen all,
was ich begangen und gedacht,
was mir aus Haupt und Herzen stieg:
das steht nun eine ernste Wacht
am Himmelstor. O halber Sieg!
O schwerer Fall!
...
Wohl in dem Kreis,
den dieses Jahres Lauf umzieht,
mein Leben bricht. Ich wußt' es lang,
und dennoch hat dies Herz geglüht
in eitler Leidenschaften Drang.
Wie brüht der Schweiß

der tiefsten Angst
auf Stirn und Hand. Wie? dämmert feucht
ein Stern dort durch die Wolken nicht?

Wär' es der Liebe Stern vielleicht,
dir zürnend mit dem trüben Licht,
daß du so bangst?

Horch, welch Gesumm?
Und wieder? Sterbemelodie!
Die Glocke regt den eh'rnen Mund.
O Herr, ich falle auf das Knie:
sei gnädig meiner letzten Stund'!
Das Jahr ist um! *

Efeu und Rose

«Ich mag und will j e t z t nicht
berühmt werden,
aber nach hundert Jahren
möcht ich gelesen werden.»
Annette von Droste-Hülshoff an
Elise Rüdiger im Juli 1843

Unser letzter Abend in Meersburg war gekommen – für
wie lange?
Wir saßen uns noch einmal gegenüber.
Anna trug wieder ihr fließendes seegrünes Kleid. Sie
hatte ihr Haar aus dem Gesicht gebürstet, und ich sah die
feinen Linien auf ihrer hellen Stirn, ein Hauch von
Wehmut schien sie zu umgeben, und doch lag auf ihren
Zügen eine neue Entschlossenheit.
Sie erhob ihr Glas. «Trinken wir auf die neue Zeit,
Ulrike.» Sie lächelte.
   «Anna», sagte ich, «ich stehe auf. Ich will endlich
aufstehen aus dieser schweren Lethargie, in der ich die
letzte Zeit gelebt habe. Ich will wieder gehen lernen, ja,
ich will wieder leben lernen.»
Sie sah mich aufmerksam an.
   «Gut, Ulrike. Diese Aufgabe sehe ich auch vor mir. Wir
werden uns viel schreiben müssen, viel telefonieren, und
uns gegenseitig bestärken, wenn eine von uns nachläßt.»
Ich streckte meine Hand aus. «Versprichst du's mir?»
   «Die mißtrauische Ulrike! Aber ja doch, ich verspreche
es.»
Sie schob mir ein Päckchen über den Tisch. «Für dich,
Uli, mach's nur gleich auf.»

Zögernd zog ich die Schleife auf und faltete das raschelnde Papier auseinander. Vorsichtig nahm ich das zarte Gespinst in die Hand, die Seide fühlte sich kühl und weich an. Ein Tuch war es, in vielerlei Rottönen ineinanderfließend.

Ich spürte, wie mir Tränen in die Augen stiegen.

«Es ist wunderschön, Anna», sagte ich stockend.

Ich legte den schimmernden Stoff an meine Wange und genoß die zarte Berührung.

«Leg dir den Schal um, Uli», sagte Anna.

Ich tat es.

Sie zupfte ihn leicht an ein paar Stellen zurecht, sah mich prüfend an: «Er steht dir hervorragend zu deinem dunklen Haar.»

«Er ist zu schön für mich ...», begann ich.

Sie schüttelte verweisend den Kopf. «Fang nicht wieder so an, Ulrike!»

Ich holte meinen Taschenspiegel und sah hinein.

«Gefällst du dir?»

«Ja», sagte ich erstaunt, und ein befreites Lachen stieg auf in mir.

In meinem Zimmer trat ich sogleich vor den Spiegel. Vielleicht war es die Leichtigkeit vom Wein oder meine neue Entschlossenheit oder einfach das gedämpfte Licht der Stehlampe, jedenfalls fand ich mich gut. Ich wußte gar nicht mehr, wann ich zuletzt so zufrieden und wohlgefällig in einen Spiegel geblickt hatte.

«Es ist der Schal», sagte ich vor mich hin.

«Der Schal allein macht es nicht», sagte eine Stimme neben mir. Ihr heller Klang war mir wohlbekannt.

Im Spiegel sah ich ihr Gesicht neben meinem.

«Annette», sagte ich laut, «warum bist d u nicht aufgestanden? Du warst dabei, berühmt zu werden, das Leben hätte dir noch vieles bieten können. Warum nur konntest du nicht aufstehen und leben!»

«Ich wollte nicht, ich wollte es nicht, verstehst du?»

«Du bist hochmütig!» rief ich aufgebracht.

Sie stimmte mir zu. «Ich weiß.»

Ihr dämmerndes Gesicht im Spiegel. Ihre hellen Augen – einhüllender, enthüllender Blick, darin ich mich verfing.

«Hast du nichts mehr vom Leben erwartet?» flüsterte ich.

«Nein.» Sie sprach sehr ruhig. «Ich habe sie doch gehabt, alle Herrlichkeit des Lebens.»

«Ich bin nicht wie du!» Zorn stieg auf in mir.

«Ich wünsche dir Glück, Ulrike», sagte sie.

Es kostete mich Kraft, den Spiegel zu verlassen. Doch ich setzte mich in meinen Sessel und nahm das Buch zur Hand, das ich morgen Anna schenken wollte. Es öffnete sich, wie von selbst, und mein Blick fiel auf die Seite.

Das Spiegelbild

Schaust du mich an aus dem Kristall,
mit deiner Augen Nebelball,
Kometen gleich, die im Verbleichen;
mit Zügen, worin wunderlich
zwei Seelen wie Spione sich
umschleichen, ja, dann flüstre ich:
Phantom, du bist nicht meinesgleichen!

Bist nur entschlüpft der Träume Hut,
zu eisen mir das warme Blut,
die dunkle Locke mir zu blassen;

und dennoch, dämmerndes Gesicht,
drin seltsam spielt ein Doppellicht,
trätest du vor, ich weiß es nicht,
würd' ich dich lieben oder hassen?
...

Es ist gewiß, du bist nicht Ich,
ein fremdes Dasein, dem ich mich
wie Moses nahe, unbeschuhet,
voll Kräfte, die mir nicht bewußt,
voll fremden Leides, fremder Lust;
Gnade mir Gott, wenn in der Brust
mir schlummernd deine Seele ruhet!

Und dennoch fühl ich, wie verwandt
zu deinen Schauern mich gebannt,
und Liebe muß der Furcht sich einen.
Ja, trätest aus Kristalles Rund,
Phantom, du lebend auf den Grund,
nur leise zittern würd ich, und
mich dünkt – ich würde um dich weinen!

Ja, Annette, umeinander weinen, du wie ich – weißt du,
und ich will leben, laß mich...

Der Morgen war trüb; ab und zu regnete es leicht. Anna
war schweigsam, und auch ich hatte nicht viel zu sagen.
Ich empfand eine Traurigkeit, die ich mir selbst nicht
ganz erklären konnte. Es war mir, als lasse ich hier
jemanden zurück, der mir lieb geworden war.
Ich gab Anna mein Geschenk. Ich hatte den Gedichtband
nicht eingepackt, und sie schlug das erste Blatt auf mit
meiner Widmung. «Zauberhafte Tage...» las sie nach-

denklich. Sie sah mich an. «In diesen Tagen, Uli, bin ich eine andere geworden.»

«Ich weiß, Anna. Auch ich bin hier eine andere geworden, ich hoffe es wenigstens. Ab jetzt muß vieles anders weitergehen.»

«Ja», sagte sie, «auch bei mir.» Ihr Gesicht war traurig und doch gefaßt. Sie schafft es, dachte ich, Anna schafft es.

Sie reichte mir ernst die Hand. «Ich danke dir, Ulrike, für das Buch und die Widmung und für diese zauberhaften Tage in Meersburg mit dir!»

«Und mit Annette», ergänzte ich, «sie war auch immer dabei, unsere Dritte im Bunde.»

Anna legte das Buch in ihre Tasche. «Weißt du, was ich möchte? Bevor wir fahren, möchte ich noch an ihr Grab gehen, mich sozusagen verabschieden.»

«Ich gehe mit, Anna – ich auch. Das ist der richtige Anlaß. Ist sie nicht im Sommer hier gestorben?»

Anna schüttelte den Kopf. «Sie starb im Mai.

Um sie herum stand der lebensvolle Frühling, Jennys Burggärtlein blühte über und über, sie aber welkte dahin.

Aber sie war ruhig in den letzten Tagen, Ulrike, so ruhig, wie wenn die lebenslange Angst endlich von ihr gewichen wäre.»

Wenn sie sich kräftig genug fühlte, verbesserte sie ihre Geistlichen Lieder, schrieb wohl noch etliche Verse dazu.

Aber im großen ganzen, weißt du, waren die dichterischen Quellen versiegt. «Mein Talent steigt und stirbt mit deiner Liebe...» sie hat es ja gewußt.

Ab und zu las sie auch in ihrer kleinen Bibel. Dieses schwarze Büchlein mit dem abgegriffenen Ledereinband lag immer griffbereit neben ihrem Lehnstuhl.

Einmal, als Jenny ihr einen Blumenstrauß auf den Tisch stellte, sah sie einen halbbeschriebenen Bogen Papier daliegen, und sie las:

So ist aus deines heil'gen Buches Schein
gefallen denn ein Strahl in meine Nacht,
in meines Herzens modergrauen Schacht.
Du gabst ihn, Herr, du hast mir selbst gebracht,
was ewig meiner Hoffnung Edelstein. *

Als sie starb, war niemand bei ihr. Ihre Nichte hatte ihr vorher eine Suppe gebracht, Annette aß den Teller ganz leer und sagte: «Das hat gut getan.»

Plötzlich beugte sie sich vor und hustete, und Blut rann aus ihrem Mund.

Das Kind rannte aus dem Zimmer und schrie laut. «Mama, Mama, Tante Nette...»

Jenny rief einem Diener zu: «Schnell, hol den Arzt!» und lief hinüber in Annettes Turm. Aber da lag sie schon reglos.

Wir traten durch die Pforte ein in den stillen Friedhof. Anna hielt eine langstielige Rose in der Hand, die mit einer Efeuranke gebunden war. Sie hatte mich auf der Fahrt hier herauf an einem Blumenladen anhalten lassen. Ich führte sie an Annettes Grab. Wir standen eine Weile vor ihrem Stein. Anna hielt den Blick unverwandt auf die kleine Bronzebüste der Dichterin gerichtet.

Als sie sprach, hatte ihre Stimme einen feierlichen, klingenden Ton.

«Anna Elisabeth von Droste-Hülshoff.

Nun liegst du hier! Von Gottes reinstem Bild
ist nur ein grüner Hügel uns geblieben,
den längst umziehn die Winterstürme wild
und die Gedanken derer, die dich lieben.
Auch hört ich, daß man einen Kranz gelegt
von Lorbeer in des Grabes dunkle Moose,
doch ich, Annette, widme dir bewegt
den Efeu und die dornenvollste Rose.» *
Sie legte ihr Rosengebinde an das Bildnis.
Wir gingen die Gräberreihen entlang zurück zum Auto.

Irgendwo auf halber Höhe suchte ich noch einmal einen
weiten Blick. Wir sahen zurück auf die Häuser und den
See und die Meersburg.
Das sommerliche Grün war schon herbstlich angehaucht.
Tiefes Gewölk stieg über die Hügel empor. In diesem
Augenblick trat die Sonne hervor und malte leuchtende
Flecken in die sanfte Landschaft.
    «Tschüß, Annette», sagte ich leise, und ich wußte, daß
ich sie nicht mehr sehen würde.
Wir hielten eine Weile still. Ich denke, beide fühlten wir
den Abschied. Die graue Burg über dem See, die Reben-
hänge, die alte Stadt – wir ließen dies nun alles hinter uns,
wir mußten weiter.
    «Anna», sagte ich, «denk dir noch einmal ihre Stimme,
hell und lebendig, und Ahnung liegt darin und Sehnsucht
und eine feste Gewißheit:

            Meine Lieder werden leben,
            wenn ich längst entschwand,
            mancher wird vor ihnen beben,
            der gleich mir empfand.

Ob ein andrer sie gegeben,
oder meine Hand:
Sieh, die Lieder durften leben,
aber ich entschwand.»*

Und dann fuhren wir durch das spätsommerliche, alte Kulturland zurück in unseren Alltag, jede zurück in ihr Schicksal mit seinen Verlusten und seinem Aufstehen immer wieder.
Ich sah zu Anna hinüber und sagte laut. «Wir leben.»

Im selben Verlag erschienen:

Christrose Rilk

Leinen gebunden, 192 Seiten, Schutzumschlag
Brackenheim 1996
ISBN 3-9805135-1-3

VON FERNE

Erzählungen

In neun spannenden, psychologisch feinfühligen Erzäh-
lungen geht es darum, wie es Menschen zumute ist, wenn
Krisensituationen das Leben erschüttern und Festgefügtes
ins Wanken bringen.
Eine Vierzigjährige wird mit der harten Tatsache ihrer
unheilbaren Krankheit konfrontiert... eine Frau erkennt
die Zerrüttung ihrer Ehe... ein Lehrer leidet unter dem
frustrierenden Schulalltag... ein Ehemann muß mit dem
Selbstmord seiner Frau fertigwerden... eine verlassene
Frau muß das Leben allein meistern... – Situationen ohne
Hoffnung?
Nein! Es gibt Wege zurück ins Leben,
Prozesse der Heilung, Licht ins Dunkel – von ferne.
Ein erschütterndes Buch und zugleich ein Buch voll
Hoffnung. Der Erzählband zeigt tiefe Einblicke in das,
was die Seele von Menschen bewegt – und helle
Ausblicke auf eine neu ermöglichte Zukunft.

Christrose Rilk Verlag

220

Verzeichnis der Anmerkungen